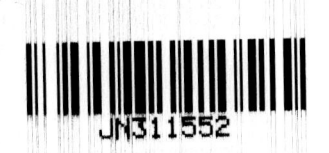

実践的「親学《おやがく》」へ

平塚儒子 監修／編

時潮社

親学の実践にあたって

平塚　儒子

「国連子どもの権利委員会」は、現在も日本政府に、学校へ行かない子どもの権利を中心に、子どもの事柄に疑問を持ち懸念している。この問題は、成長発達段階の若年層に教育加熱が加わり、彼らを苦しめ、心身の兆候が現れている。歴史的に戦後の日本社会は敗戦のどん底から資本主義国として世界第二位の経済大国に急成長した。その原因は勤勉な日本国民の努力と労使一体の協調の賜物が日本的経営を支えて、今日の繁栄があると考えられる。オイルショック以降、日本人は豊かになったが、家と教育と老後に関わるお金が心配で消費が伸びない、個人消費が回復すれば日本経済は成長軌道に戻ると思われてきたが、日本の社会環境は人口減・少子化・高齢化・地球環境問題が深刻化している中で、若者の未来に希望が感じられない不安は、心理学者エリク・H・エリクソンによって導入された概念で、本来は、大人になるために必要で、社会的にも認められた猶予期間を指す、モラトリアムは、近年は若者から壮年期にも達している。今後の日本を明るくするためには、ストレス兆候を克服で出来ること、達成動機のあるチャレンジ精神を持つ若者が必要である。しかしながら国連子ども権利委員会は日本政府に対し「不登校」や「引きこもり」の発生の原因と対策を求めて、学校へ行かない子どもの権利を中心に、国連の委員会が日本の中のどういう事柄について疑問を持ち、何を懸念しているのか。さらに近年いじめの問題の増加は国内でも大きな社会的問題となっている。文部科学省の1995年（いじめ発生６万96件）をピークに、2006年3万7818（４万315）校で、認知件数は11万9360（12万4898）人であった。

いじめの定義は「いじめとは、同一集団内の成員間に生じる、意図的かつ一方的な攻撃的行動であり、心理的・身体的・物理的にその相手に苦痛を与えたり、害を与えたり、する行動である」としている。子ども自身の攻撃性が社会のルールに違反して、危害を生じさせている。さらに、いじめを受けた児童・生徒に生きる為の尊厳性を奪い、不利益を与えていることが報道されている。一方、子どもたちのその後の仲間関係や友人作りを支援する上で、大きな発達教育上の問題を生じさせて解決困難な課題となっている。その要因を日本の社会的背景から概観すると、我が国の出生率の低下傾向はとどまらず、少子高齢社会であるものの3世代家族は少なく、核家族である。教育加熱に伴う低年齢からの塾通いがされて、幼稚園や小・中学校で出会う仲間との交流は、社会性の発達に大きな役割を持っているが疎外される要因が多く、近年は子ども時代からの仲間集団の解体から来る精神発達の成長が自己遅延させている。なお、日常生活において、“不安心配ごとと不眠”によるストレス兆候を生じさせて、仲間に向けては、相手の立場に立てない行動が近年の陰湿な暴力行動となり、「いじめやハラスメント」を生じさせている。そこで、中華人民共和国（天津市）の若者と一般市民に対して調査の許可を得て、日本と中国のいじめ行動の対処を調査できた。とりわけ日本の少子化と中国の一人っ子政策の異なる部分があり、中国の子供は地域社会があり、祖父母や両親の3世代の中で育てられている点で異なる部分がある。現実を直視して、今、何をしたらよいか決められる者」は“両親が正しく躾られなくても”59.1%と多い値が現れていた。中国の結果から両親だけの問題でないことが判明した。一方で、両親だけで躾けられた日本の子どもは、躾がモラトリアム状態に影響を及ぼしている結果となっていた。

さらに、日本は子ども時代の“他人の達成や成功を見ることなく育った者”や“モラトリアム状態”の者は、人間関係が希薄となり、無気力となり、いじめの問題がかえって傍観者化していくことで、“いじめられる子”が、「不登校」や「引きこもり」状態となり、仲間との親密な関係を保つことができないままで大人になっていくこととなり、わが国には弱い者いじめの風潮や差別意識が根強くみられる。「攻撃性」「優越欲」「向上心」もいじめ行為の要因となっていることが懸念される。

目　次

日本と中国・天津の大学生と中・高齢者のモラトリアム状態

平塚儒子

日本は四季と寒暖と雨量のある比較的温暖な気候の中で、稲作を中心とする農耕民族であった。しかし、恵まれた自然環境であるが、2011年３月11日14時46分に、地震と津波は東北地方に南北400～500kmのプレート境界亀裂を作り（M9.0）予測のつかない被害を与え、原子力発電所の被害は広範囲の土地や人畜に被害を及ぼすことは不測の事態であった。

木村時夫は、日本人は自然の暴威を予想しがたい、捉え難い恐怖の対象としている。この予想しがたい暴威であるときに、これを神と崇め、極力その暴威から逃れるために、非合理性や神秘の精神が生まれてくる。そこで諸物において精霊の存在を信ずるアミニズム（聖霊崇拝）が生まれてくる。現象に対して科学的志向を欠如し、すべてを精霊の所為であるとして、情緒化し、これを崇拝し、信仰の対象にして、神秘的解決法を生んでいると表している。[1)]

隣国中国の漢民族も農耕民族であるが、漢民族はたえず周辺の狩猟民族や遊牧民族から侵略され、長期にわたってその政治的支配を受けたことがある。

植原和郎は、一つの国家が成り立つには、精神的要素が非常に重要であり、日本という国家の成立を考えていく上で、日本における農業社会がどのように発展していったかということがポイントであり、日本の国家の形成は稲文化を基礎として始まり、今日に至っていると示唆している。[2)]

しかし現在の日本の農業人口は１割を切り、稲の文化は消えつつあり、第２次産業である鉱工業化に至り、第３次産業であるIT・サービス産業は確実に変革へと向かっていると考えられる。現在の第３次産業の産業社会の特徴について、リースマンは、他人指向型について、物質的環境よりも人間関係が重要となり、行動の規範よりも対面する人々に限らず、マスメディアを通じて知る人々を含めた他人の動向に注意を払って、それに参加する。彼らは第１次産業の伝統指向型の恥や罪という道徳的な観念でなく、不安によって動機付けられていることを表している[3)]。

しかしながら、未来の社会において、どんな状況にあっても幸せを感じることが出来る力を持たなければならない。それゆえ豊かな幼児期からその後をどう過ごしたかは、成人した人間の根底に関わる問題である。とりわけ、モラトリアム人間について、エリクソン（Erikson, E.H. 1963年）は、人間の発達は死ぬまで続く過程であるとし、ライフサイクルを８つの発達段階に区分して、そこで達成されるべき特有の発達過程があり、健全な自我発達が獲得されなければ、前段階の危機が克服されていないと、次段階の危機克服は困難である事を表している。

また、小此木啓吾はエリクソンのアイデンティティ拡散とほぼ同様のモラトリアムの状態を示唆している。若者は、同一性の確立を先延ばして、いつまでも青年期的心性を持ち続けて、社会的関りからの価値観を自由であり続けているならば、自らの生き方を決定し生涯を生きるという同一性確立型から取り残されて、心理的・社会的に不適応を起こしてしまう。

そこで、「社会的引きこもり」の状態とはモラトリアム状態でもあり、現在のところ学校や、仕事など社会的な活動に参加しない状態が持続している者と定義されている。さらに逃避し続けた結果、成長の体験を受け入れられず、居場所が自室だけになってしまっている。

人は、社会で生き抜くためには、仕事遂行の目標と目的を持つ力が必要である。その目標をどこに設定するかは、「達成動機」（モチベーション）にかかっている。「何をして良いか決定できる」状態が次の「難しいことを成しとげること」（達成動機）を生み、仕事へのアイデンティティの獲得となる。「達成動機」については、マレー（murray, 1938年）は、自己を超克し、独自性を成しとげて、自尊心を高めることにつながることを表している。

近年、日本人のモラトリアム状態に陥った、「不登校」「引きこもり」は小学校から中学校にいたると７～８倍に増加の傾向にあって、現在では、大学生の「引きこもり」現象が社会問題となって、その支援員の新設の要請が望まれていて、今以上の退学者が増加する傾向にある。今後は中・高齢者の「NEET」無業者や自殺といった「脱落層」の増加が懸念される。

また、「社会的脱落層」は「社会的な負の連鎖を引き起す不活層」として位置付け「引きこもり」「犯罪親和層」が位置することを、本田由紀、内藤朝雄、後藤和智が社会福祉の対象に至ることよりもより、国家の暗雲を推測される問題となってきている。

この問題に関して、私は、中華人民共和国（共産主義の社会主義）の人民と日本人（民主主義）の比較検討の結果、従来から社会福祉の対象の問題は（民主主義）の国々で生じている問題としていたが、モラトリアム状態は、（社会主義）国家でもある中華人民共和国にも変化が現れていることが判明した。さらに、この年代層を育てた中・高齢者層にも視点をあてたところ、日本の中・高齢者以上にモラトリアム状態は高い傾向を示していた。日本も中華人民共和国の親も、“子どもの最初の教師は親であることから”、親の「モラトリアム状態」の実態調査に着手した。今回、中華人民共和国での調査が許可され、天津市内の、各地域の公園等に集合している中・高齢者に対して、聞き取り調査を実施した。大学生も天津の学生であり、日本は大阪府にある大学を対象として実施した。中・高齢者は一般市民を対象とした堺の女性大学や愛知県、岐阜の一般成人を対象に調査して、データーを解析した。「モラトリアム状態」は従来の固定的な年齢や社会主義の枠を超えて、その国の産業構造の進展、社会・文化も含めた問題が生じさせていることが判明した。

1．研究の対象および方法

調査対象者は①1980年代に出生した中華人民共和国・天津市の大学生の男女110名と同年齢の日本・大阪府の大学生224名に対して行なったのである。

②1920年より1950年代に出生した中華人民共和国・天津市の中・高齢者は、

男女150名と日本は同年出生中・高齢者は、大阪府、岐阜県、愛知県の中・高齢者366名に対して実施した。

調査はアンケートに対する回答方式である。

調査区域について、中華人民共和国は天津市にある大学、日本は大阪府にある大学である。中・高齢者は中華人民共和国・天津市の一般市民を対象に聞き取り調査方式で中華人民共和国・天津の大学院生とともに実施した。

日本の中・高齢者は大阪の堺市民講座の女性大学、岐阜県の一般市民、愛知県の一般市民で中・高齢者を対象に366名を対象に実施した。

調査日は日本と中華人民共和国・天津は2009（平成21）年の10月に実施した。

アンケート調査項目：項目の選択はモラトリアム状態と達成動機の関係を最もよく反映できるものに限定した。

1）アンケート調査「いのちと心」のアンケート（一般成人用）の調査内容のうち、11項目である。

「調査内容」：次のようなことについて、回答ください。

①私は、何をしたらよいか決められない

②私は、何かに思い切り打ち込んだり、挫折した経験がある

③私の両親は、正しく躾けてくれた

④私は、遊びへの参加が出来て、嫌なことを拒否できる

⑤私は、達成するために、自分にあった、ちょうど良い目標を選んでしまう

⑥私は、達成するために、簡単すぎる目標を選んでしまう

⑦私は、達成するために、難しすぎる目標を選んでしまう

⑧私は、最も重要なことで、自分自身で達成したり、成功したりした経験がある

⑨私は、自分以外の他人が何かを達成したり成功したりすることを観察できた

⑩私は、自分に能力があることを言語的に説明されたり、言語的な、はげましがあった

⑪私は、目標に向って進んでいるという期待がある

統計解析：それぞれの項目は１次集計の後、２次集計を実施してχ^2の検定を行なった。

結　果

１－１）日本と中華人民共和国・天津の「モラトリアム状態」 “私は、何をしたら良いか決められない” 者の年齢の推移

中華人民共和国と日本のモラトリアム状態について、中華人民共和国の天津市は、10歳代では47.5%、20歳代で23.4%、30歳代で67.9%と上昇して、40歳代で65.9%、50歳代で60.4%、60歳代で79.3%、70歳代以上で66.7%と上昇傾向を示していた。

日本は10歳代では41%、20歳代で35.9%、30歳代で21.8%と下降を示し、40歳代で20%、50歳代で18%、60歳代で7.9%、70歳代以上で10.8%と下降傾向を示していた。

図１－１　日本と中華人民共和国・天津の「モラトリアム状態」 “私は、何をしたら良いか決められない”

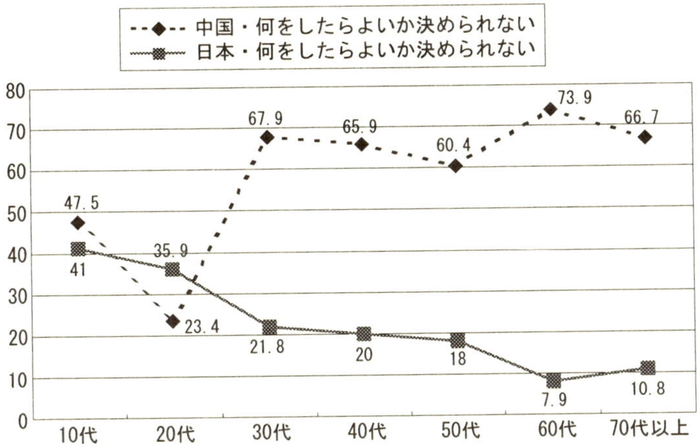

平成21年10月23日から27日まで中華人民共和国・天津を調査

日本の若者224名、中華人民共和国113名、日本の中・高齢者365名、中華人民共和国の中・高齢者150名である。2009（平成21）年10月に平塚が、中華人民共和国・天津と日本で調査した。

1－2）日本と中国・天津のモラトリアム状態
“私は、何をしたら良いか決められない”比較

「私は、何をしたら良いか決められない」の日本と中国・天津の比較において、最多は中国・天津の中・高齢者で、次いで日本の青年、中華人民共和国の青年、最小は日本の中・高齢者であった。結果、日本の中・高齢者は中華人民共和国と比較して「モラトリアム状態」は極めて低い状態で、$p<0.001$ で有意な差が認められた。

図１－２　日本と中国・天津の「モラトリアム」
“私は、何をしたら良いか決められない”

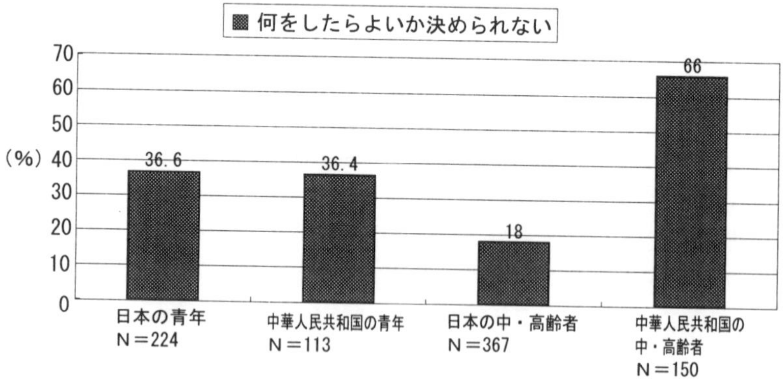

2009（平成21）年10月に平塚が、中華人民共和国・天津と日本で調査した。

2．日本と中国・天津の学生と中・高齢者の「達成動機」の比較

2－1）日本と中華人民共和国の青年層の「達成動機」の比較

「達成動機」モチベーションが高かった者は中華人民共和国の青年層が高かった。

日本の青年層の「達成動機」について、最多は「達成するために自分にあったちょうど良い目標を選ぶ」で、ついで「簡単すぎる目標を選ぶ」、最小

図2－1　日本と中華人民共和国の青年層の「達成動機」

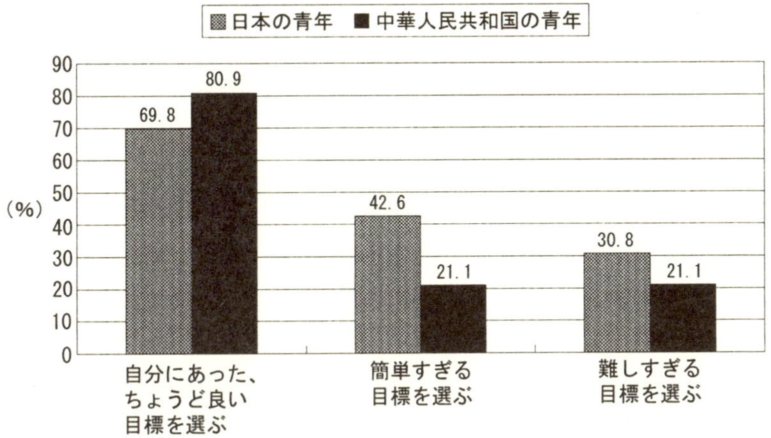

平成21年10月23日より27日、中華人民共和国・天津において調査した。日本も同様な時期に調査した。

は「難しすぎる目標を選ぶ」であった。中国・天津の学生の最多は、「達成するために自分にあったちょうど良い目標を選ぶ」で、ついで「簡単すぎる目標を選ぶ」と「難しすぎる目標を選ぶ」であった。なお日本と中華人民共和国の青年層の「達成動機」の間において、「達成するために自分にあったちょうど良い目標を選ぶ」では$p<0.05$の有意の差があった。なお「簡単すぎる目標を選ぶ」では$p<0.01$の有意の差があり、「難しすぎる目標を選ぶ」でも$p<0.05$の有意の差があった。

2－2）日本と中華人民共和国の中・高齢者の「達成動機」の比較

「達成動機」が高かった者は、日本の中・高齢者であった。

日本の中・高齢者の「達成動機」について、最多は「達成するために自分にあったちょうど良い目標を選ぶ」で、次いで「簡単すぎる目標を選ぶ」、最小は「難しすぎる目標を選ぶ」であった。

中華人民共和国の中・高齢者は、最多は「達成するために自分にあったち

図2－2　日本と中華人民共和国の中・高齢者の「達成動機」

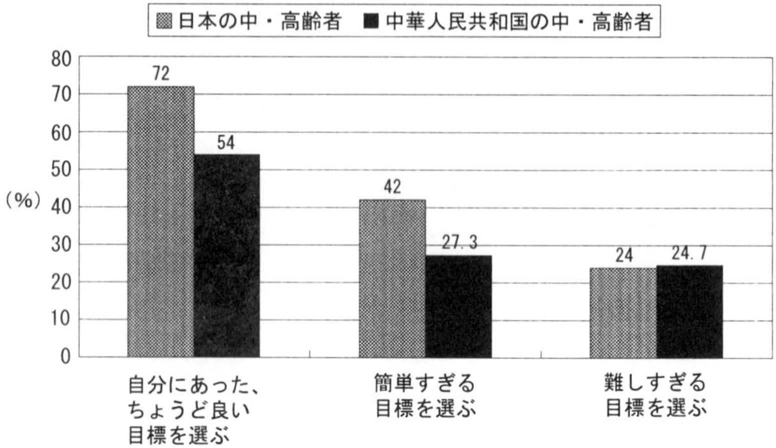

平成21年10月23日より27日、中華人民共和国・天津において調査した。日本も同様な時期に調査した。

ょうど良い目標を選ぶ」で、ついで「簡単すぎる目標を選ぶ」、最小は「難しすぎる目標を選ぶ」であった。日本と中華人民共和国の中・高齢者の「達成動機」の間において、「達成するために自分にあったちょうど良い目標を選ぶ」では、$p<0.01$で有意の差があり、「簡単すぎる目標を選ぶ」でも$p<0.01$の有意の差があった。

達成動機の目標は自分にあった、ちょうど良い目標を選ぶことが重要である。

3．日本と中国・天津の「モラトリアム状態（何をしてよいか決められない）」と「生育経験」の比較

3－1）日本と中華人民共和国の青年層の「モラトリアム状態（何をしてよいか決められない）」と「生育経験」の比較

日本と中華人民共和国の青年層のモラトリアム状態（何をしてよいか決められない）の関係について、日本は最多は“私は何かに思いきり打ち込んだ

り、挫折経験がある”次いで“私は遊びへの参加が出来て嫌なことが拒否ができる”、“自分自身に能力があることを言語的に説明されたり励ましがあった”、“重要なことで、自身で達成、成功した経験がある”、“目標に向って進んでいるという期待がある”、“最初は簡単すぎる目標を選んでしまう”者は、中華人民共和国の青年は日本よりも多く、“私は、達成するために簡単すぎる目標を選んでしまう”、“私は最も重要なことで自分自身で達成したり、成功したりした経験がある”、“私は、自分に能力があることを言語的に説明されたり、言語的な、励ましがあった、“私は、目標に向かって進んでいるという期待がある”、これらの項目と（何をしてよいか決められない）者との関係において、中華人民共和国は日本よりも多い値であった。

図３－１　日本と中華人民共和国の青年層の
「モラトリアム状態（何をしてよいか決められない）」と「生育経験」の比較

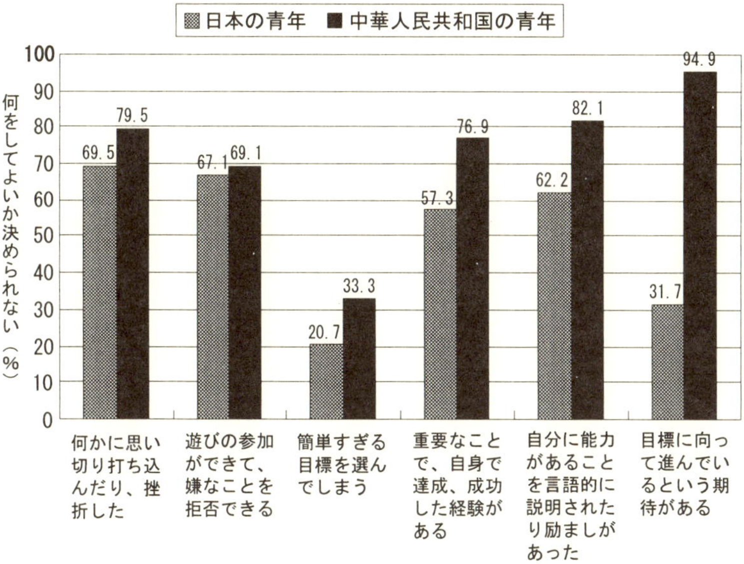

平成21年10月23日より27日、中華人民共和国・天津において調査した。日本も同様な時期に調査した。

3－2）日本と中華人民共和国の中・高齢者の「モラトリアム状態（何をしてよいか決められない）」と「生育経験」の比較

日本と中華人民共和国の中・高齢者のモラトリアム状態（何をしてよいか決められない）について、中華人民共和国の中・高齢者について、最多は“目標に向って進んでいるという期待がある”、次いで“自分に能力があることを言語的に説明されたり励ましがあった”、“何かに思い切り打ち込んだり、挫折した”、“重要なことで自身で達成、成功した経験がある”、“遊びの参加が出来て、嫌な事を拒否できる”、最小は“簡単すぎる目標を選んでしまう”であった。日本の最多は“自分に能力があることを言語的に説明されたり励ましがあった”、次いで“簡単すぎる目標を選んでしまう”、“何かに思い切り打ち込んだり、挫折した”、“遊びの参加が出来て、嫌な事を拒否できる”、

図３－２　日本と中華人民共和国の中・高齢者の「モラトリアム状態（何をしてよいか決められない）」と「生育経験」の比較

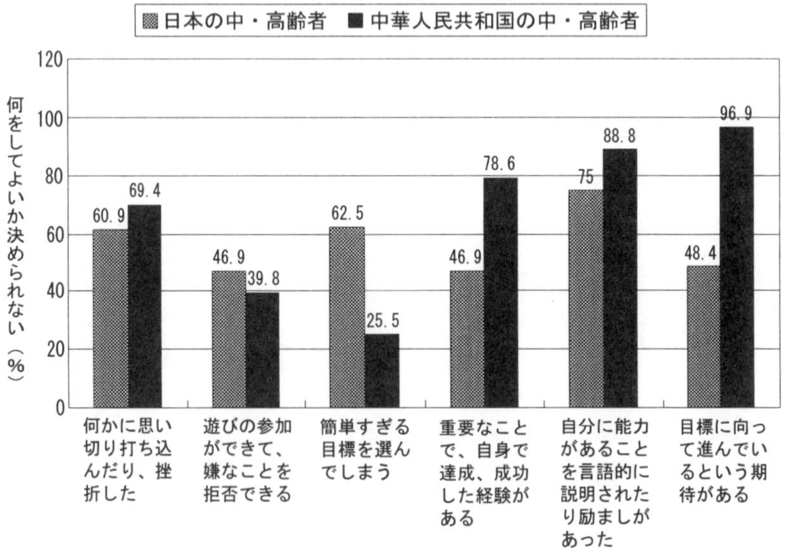

平成21年10月23日より27日、中華人民共和国・天津において調査した。日本も同様な時期に調査した。

“重要なことで自身で達成、成功した経験がある”、最小は“目標に向って進んでいるという期待がある”であった。

結　論

モラトリアムは、責任のない不安定な状態で、「ひきこもり」をひき起こし、とりわけ「社会的引きこもり」は、現在のところ学校や、仕事など社会的な活動に参加しない状態が持続している者と厚生労働省の国立精神神経センターが定義している。この問題に関して、私は、中華人民共和国（共産主義の社会主義）の人民と日本人（民主主義）の比較検討の結果、従来から社会福祉の対象外とされてきた（社会主義）の国々で生じているモラトリアム状態が（社会主義）国家、とりわけ中・高齢者に高い変化が現れていた。一方日本の高齢者のモラトリアム状態は極めて低い値であった。

現在の日本の農業人口は1割を切り、稲の文化は消えつつあるが、中・高齢者は第2次産業である鉱工業化に至り、内部指向型の第2次世界大戦後の社会組織が急速に変化する新しい社会適応様式が必要とされた年代であった。

一方、日本の若年者10年代は41%と高く、第3次産業であるIT・サービス産業は確実に変革へと向かっていると考えられる。リースマンは、他人指向型について、物質的環境よりも人間関係が重要となり、行動の規範よりも対面する人々に限らず、マスメディアを通じて知る人々を含めた他人の動向に注意を払って、それに参加する。彼らは第1次産業の伝統指向型の恥や罪という道徳的な観念でなくて、不安によって動機付けられていることを表している[3)]。

モラトリアム状態は、逃避し続けた結果、成長の体験を受け入れられず、居場所が自室だけになってしまっているとされることが重点となっているが、近年のモラトリアム状態の年齢は青年層のみではなく、30代、40代、50代をとなっていて、親の心については社会的視点が明確にされていない、そこで本田由紀他は、「親思う心にまさる親心」について、子どもの行く末を案じる親の庇護の下に、今やニート、フリーター300万人。働かない若者についてはこれまで、年金財政や経済への悪影響ばかりが論じられ、もっぱら子どもの就職支援のあり方に関心が向けられてきたが、憂慮すべきは、共倒れの危機に晒されている親たちであることが示唆されている。

今回のモラトリアム状態の人々の成育状態は、0歳より3歳、幼児期からの経験のあり方、達成動機のあり方が、モラトリアム状態に関連していた。とりわけ「アタッチメント」の必要性と「両親が正しく躾ける」ことによって、繰り返し生きる力を会得することが重要であり、「他人が何かを達成したり、成功したりすること」を他人と関わる行為の中で人は大きく成長できることが傾向として現れている。

一般的には「ニート」を生み出した責任を親に求めている。とりわけ日本においては顕著である。しかしながら中・高齢者においての日本は、中国・天津よりも「両親が正しく躾けた」、「遊びへの参加が出来て嫌な事は拒否できる」ことが有意に高く現れていた。

この事は、急激な社会変動が人々に脱落層の増加をもたらすことが、リースマンも示唆しているように、社会変動についていけない人々に社会的不安が高まり、モラトリアム状態に陥いっていると考えられる。

なお、人は、社会で生き抜くためには、仕事遂行の目標や目的を持つ力が必要である。その目標をどこに設定するかは、「達成動機」（モチベーション）にかかっている。「何をして良いか決定できる」状態が、「難しいことを成しとげること」（達成動機）を生み、仕事へのアイデンティティの獲得となる。「達成動機」については、マレー（murray, 1938年）は、自己を超克し、独自性を成しとげて、自尊心を高めることにつながることを表しているが、今回の調査において天津の中・高齢者は低い「達成動機」（モチベーション）であるのに対し、天津の若い学生は高い「達成動機」（モチベーション）を有していた。日本の中・高齢者は高く、学生は低い値であったこと、目標も有意に低い値であった事は社会的には重症の状態であると考えられる。この状態では、早期の対策が求められるべきである。

日本の未婚女性の意識について述べることにする。表1の昭和57年の未婚

表１　未婚女性の結婚の意志　(単位%)

	昭和57年	昭和62年	平成４年
いずれ結婚するつもり	94.2	92.9	90.2
一生結婚するつもりはない	4.1	4.6	5.2
不　詳	1.7	2.5	4.6

資料厚生省人口問題］研究所「第10回出生動向基本調査」9.

女性ではいずれ結婚するつもりは94.2%であったが、その後平成４年では90.2%にまで低下傾向を示し、その結果、現在はますます出生率は低下の一途をたどっている。

河合隼雄は結婚ということを男女の外的な関係ととらえず、一人の人間の内面の問題として考えてみることである、つまり男性も女性も其の内界に重要な異性像を持っているはずであり、それぞれの結びつき、それとの関連として考えて見るのである。ただ簡単に外在化された結婚は本来的な課題からの逃避になると示唆している。

「モラトリアム」と「社会的引きこもり」の予防に子育て支援が必要である。未来の社会において、どんな状況にあっても幸せを感じることが出来る力を持たなければならない。豊かな幼児期からその後をどう過ごしたかは、成人した人間の根底に関わる問題である。とりわけ、モラトリアム人間について、エリクソン（Erikson, E.H. 1963年）は、人間の発達は死ぬまで続く過程であるとし、ライフサイクルを８つの発達段階に区分して、そこで達成されるべき特有の発達過程があり、健全な自我発達が、獲得されなければ、前段階の危機が克服されていないと、次段階の危機克服の困難である事を表している。

また、小此木啓吾はエリクソンのアイデンティティ拡散とほぼ同様のモラトリアムの状態を示唆している。若者は、同一性の確立を先延ばし、いつまでも青年期的心性を持ち続けて、社会的関りからの価値観を自由であり続けるならば、自ら生き方を決定し生涯を生きるという同一性確立型から取り残されて、心理的・社会的な不適応を起こしてしまう。

そこで、「社会的引きこもり」の状態はモラトリアム状態でもあり、現在のところ学校や、仕事など社会的な活動に参加しない状態が持続している者と定義されている。さらに逃避し続けた結果、成長の体験を受け入れられず、居場所が自室だけになってしまっている。

斎藤学は、モラトリアム（moratorium）の状態について、家庭にその原因があって、モラトリアム青年たちの両親の夫婦関係は多かれ少なかれ緊張していて、彼らはその葛藤に巻き込まれていて、子どもと母親との間で「カプセル化」が起こっていることを表している。

現在では、大学生の「引きこもり」現象が社会問題となって、その支援員の新設の要請が望まれている、今以上の退学者が増加する傾向にある。今後は中・高齢者の「NEET」、自殺といった「脱落層」の増加が懸念される。

一方、中華人民共和国の若者と日本の若者の間で、“何をしてよいのか決められない”「モラトリアム」状態は親世代の天津市の中高齢者の60％であるものの青年は36.4％と低い値を示したことは、中高齢者は“目標に向かって進んでいるという期待がある”、“重要なことは、自身で達成したり、成功した経験がある”ことが、日本よりも高い値であることが、推測できる。

また、「社会的脱落層」は「社会的な負の連鎖を引き起す不活層」として位置付け「引きこもり」「犯罪親和層」が位置することを、本田由紀、内藤朝雄、後藤和智が社会福祉の対象よりもより、国家の暗雲を推測される問題となってきている。この問題に関して、私は、中華人民共和国（共産主義の社会主義）の人民と日本人（民主主義）の比較検討の結果、従来から社会福祉の対象の問題は（民主主義）の国々で生じている問題としていたが、モラトリアム状態は、（社会主義）国家でもある中華人民共和国にも変化が現れていることが判明した。さらに、この年代層を育てた中・高齢者層にも視点をあてて、日本も中華人民共和国の親も、“子どもの最初の教師は親であることから”、親の「モラトリアム状態」の実態調査に着手した。今回、中華人民共和国での調査が許可され、天津市内の、各地域の公園等に集合している中・高齢者に対して、聞き取り調査を実施した。大学生も天津の学生であり、日本は大阪府にある大学を対象として実施した。中・高齢者は堺の女性大学や愛知県、岐阜県の一般成人を対象に調査して、データーを解析した。「モラトリアム状態」は従来の固定的な年齢や社会主義の枠を超えて、生じていることが判明した。

なお、日本の若者や、中華人民共和国、天津市の中高齢者については、親の教育の他に、急激な産業や社会の変革が人々に、心理的社会的な不適応を引き起こす要因となって現われたと考えられる。

文　献

1）木村時夫『日本文化の伝統と変容』成文堂、1990年５月

2）植原和郎『日本人はどこからきたか』小学館、1984年10月

3）David Riesman『孤独な群衆』（加藤秀俊訳）みすず書房、2006年４月

4）河合隼雄『日本人とアイデンティティ』創元社、1984年９月

BMI値が、免疫“アレルギー体質”に及ぼす影響

平塚儒子

緒　言

近年BMI値が「25」以上のある者は、生活習慣病の問題が指摘され、メタボ検診や保健指導が必要とされている。一方「やせ」は、スリムで美しいと讃美され、その中において「18.5」は危険信号とされ、問題視されている。

「アレルギー疾患」は遺伝要因と環境要因が相互作用で発症すると表している[1)]。

今回のアレルギー体質の調査において、“アレルギーのある者”は環境要因となっていて、「アレルギーがある」とする者の出生年代は1979〜1990年代に多く、BMI値では18〜19の者に多く、35.6%にも達し、男子よりも女子に多く現れていた。

加えて、BMI値が「22〜23」より低い「痩身」傾向に現れる兆候として、“にきびがある”、“寒がりである”、“便秘がある”や“めまい（立ちくらみ)”、“血圧が低くなる”兆候が多く現れ、BMI値が「24〜25」では、“腰や背中の痛みがある”兆候が最多となり、「22〜23」では“集中力と記憶力が劣っている”者が多く現れていた。

なお本稿で、アレルギー体質は、環境要因とBMI値に深く関係することが認められ、アレルギーの保健予防に対しては、BMI値の適正な調和を図ることが重要と考えられる。今後は、子ども時代から、「体の調和」が重要な教育的対策となることが結論された。

1．研究の方法と内容

1）調査の方法

あなたの骨の健康　アンケート調査は、2010年より2011年にかけて、北海道、東北地方、北陸地方、関東地域、中部地方、近畿地方、四国地方、中国地方、九州地方の一般市民の協力を得て、3,020名を対象に調査を実施してきた。

調査は、データのBMI（Body Mass Index：体格指数）値は、体重（kg）÷身長（m）２×100（%）として求めその数値をデータとしBMI（Body Mass Index：体格指数）値た。なおアレルギー体質の調査から求めたデータは１次集計の後、２次集計を実施して、カイの検定の結果有意の差のあったものを採用した。

2）調査用紙

あなたの骨の健康　アンケート調査

＊次の問いについて該当する項目があればその前の□にレ印を付け、」また（　）内に適当な語句や数字をご記入ください。なお該当項目に○印を付けて頂く所もあります。

◎現在の身長と体重についてこたえてください

１．身長（　　）cm　　２．体重（　　）kg

◎アレルギー体質がありますか

□①はい　　□②いいえ　　□③不明

①とこたえた方は、原因とおもわれるものに○印をつけ、具体的な物質がわかっていればその名前を（　）に記入してください

１．薬物（　　）２．食物（　　）３．環境物質（　　）４．寒冷
５．ストレス

◎次ぎのような症状が過去または現在ありますか

①腰や背中の痛みがある	⑪浮腫がある
②背中が円くなった	⑫食欲がない

③肩こりがする	⑬吐き気がある
④筋力が落ちている	⑭腹痛がある
⑤スポーツ後の筋肉痛が２～３日取れない	⑮便秘がある
⑥動悸や運動時の息切れがする	⑯だるくて疲れやすい
⑦頭痛がする	⑰不眠がある
⑧めまい（立ちくらみがする）	⑱ゆううつで悲しい
⑨皮膚や粘膜が蒼白い	⑲休日ゆっくりしても精神的な疲れが取れない
⑩血圧が低くなった	⑳集中力と記憶力が劣っている

2．結果

1）アレルギー体質がある者の出生年代

図１のごとく、アレルギー体質の出生年代の最多は1979～1970年であり、次いで1969～1960年、1989～1980年、1959～1950年、1999～1990年、2000年まで、1949～1940年、最小は1939～1930年であった。

図１．アレルギー体質と出生年代推移

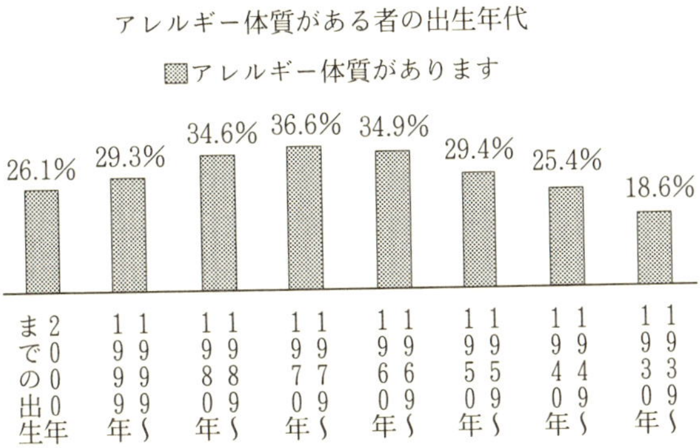

出生年代　2010～2011年平塚が全国調査　N＝2841

2）男・女のBMI値の推移

男子と女子のBMIについて、男子でのBMI値の最多は26≦で次いで24.5～25、22～23、20～21、≦17順であり、最小は18～19の値であった。一方女子でのBMI値の最多は18～19で、次いで≦17、20～21、22～23、24～25の順で、最小は26≦であり男子・女子の間には、逆の推移を示し、p＜0.01と有意の差が認められた。

図2　男・女のBMI値の推移

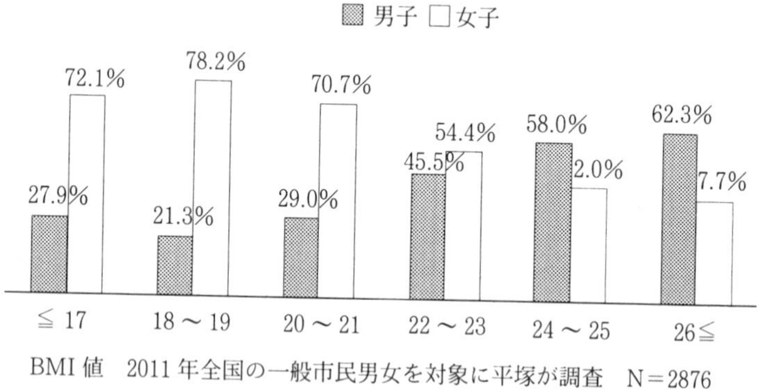

2011年全国の一般市民男女を対象に平塚が調査　N＝2876

3）BMI値とアレルギー体質のある者の推移

図3のごとく、アレルギー体質のある者の最多はBMI値：18～19で、次いで20～21、≦17、22～23、26≦の順で、最小は24～25であった。一方アレルギーのない者のBMI値は24～25で、69.5%であった。

図３　BMIとアレルギー体質のある者の推移

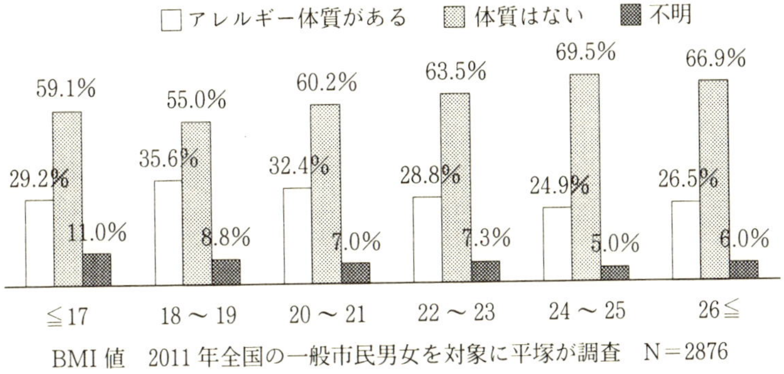

４）BMI（Body Mass Index）の推移とアレルギー体質は環境物質である

図４のごとく、アレルギー物質は環境物質である者では、最多のBMI値：18～19で、次いで20～21、≦17、22～23、24～26の順で、最小はm26≦であった。一方、アレルギーは環境物質ではない者の最多のBMI値は26≦である。

図４．BMI（Body Mass Index）とアレルギー体質は環境物質である者の推移

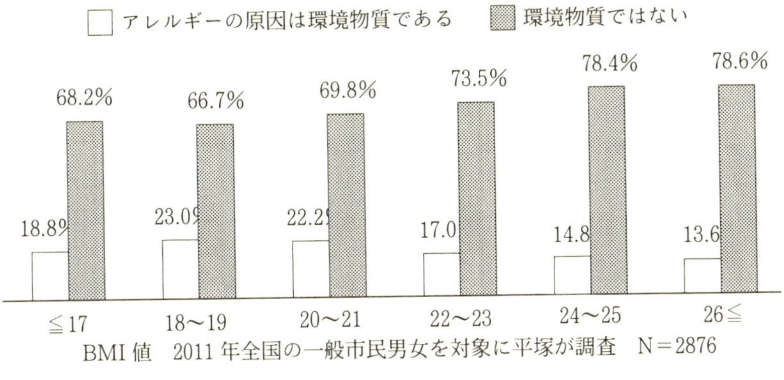

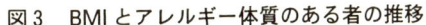

5）BMIとアレルギーの関係がある兆候

表1のごとく、BMIとアレルギーの関係がある、「めまい（立ちくらみがする）がする」者の最多は18～19で、次いで≦17、20～21、22～23、24～25の順で、最小は26≦であった。

「血圧が低くなった」者での最多は20～21、次いで18～19、22～23、≦17、24～25の順で、最小は26≦であった。

「便秘のある」者での最多は18～19、次いで20～21、22～23、24～25、≦17の順で、最小は26≦であった。

「寒がり」である者での最多は18～19、次いで≦17、20～21、22～24、22～23、24～25の順で、最小は26≦であった。

「にきびがある」者での最多は18～19、次いで≦17、20～21、22～23、24～25の順で、最小は26≦であった。

「腰や背中の痛みがある」者での最は24～25で、次いで26≦、18～19、22～23、20～21の順で、最小は≦17であった。

「集中力と記憶力が劣っている」者での最多は22～23、次いで20～21、24～25、26≦、18～19、26≦の順で、最小は≦17であった。

表1　BMIとアレルギーの相関のある兆候

BMI値 ／ 兆候	≦17	18～19	20～21	22～23	24～25	26≦
めまい（立ちくらみがする）	21.4%	21.6%	19.6%	17.4%	12.0%	11.4%
血圧が低くなった	2.6%	4.3%	4.4%	2.9%	2.0%	1.2%
便秘がある	16.2%	24.6%	22.4%	18.2%	17.9%	11.7%
寒がりである	26.6%	35.2%	26.0%	20.3%	16.5%	8.1%
にきびがある	16.9%	22.3%	13.7%	11.7%	7.3%	8.4%
腰や背中の痛みがある	24.7%	34.7%	30.9%	33.8%	37.5%	35.2%
集中力と記憶力が劣っている	14.9%	25.1%	27.4%	29.6%	27.2%	25.9%

3．考察

アレルギーとは、「免疫応答」が引き起こす様々な過敏反応を表し、免疫応答は本来外敵や癌細胞を撃退する生体防御機能である。

アレルギー疾患は、先進国を中心に急増していて、遺伝要因と環境要因が相互作用することが示唆されている。西日本における経年調査で、小学生における喘息の罹患率は過去20年で2.1倍に増加していることが示唆している[1]。

本研究調査において、アレルギーのある者では1939～1930年の出生年代では18.6％であったものが、1949～1940年では25.4％と上昇し、1979～1970年では36.6％と増加した。2000年までの出生者では26.1％であった。このような短期間の出生年代の発生率をみると遺伝要因が主たる要因とは考えられない。なお大きな原因は、人間が文明の名の下に、より快適でよりキレイな環境を作ってしまったことが上げられが、近年になって、アレルギーの発症は、環境に加えて生きる力そのものが弱ってきて、身体に備わってきたはずの自然免疫系が、衛生環境の改善がかえって免疫防御に問題とされている[2]。

アレルギー疾患の発生について、乳児期には牛乳、卵などの摂取によって食物アレルギーが起こり、アトピー性皮膚炎をおこし、その後、食物抗原に換わって吸入性抗原への感作があって、生後 6 カ月頃で喘鳴が出現し、1～2 歳になると気管支喘息発作を起こすことが多いとされ、思春期を過ぎる頃には花粉症になる。食物アレルギーの多くについては、やがて消失するが、一部は残る。気管支喘息の大部分は学齢期まで持ち越し、約70％は14～15歳で治り、残りは成人型気管支喘息に移行すると報告されている[1]。

BMI（Body Mass Index：体格指数）値は、体重（kg）÷身長（m）2 ×100（％）として求められ、BMI値が「25」以上で肥満を示し、危険信号とされ、「18.5」以下の場合は「瘠せ」であり、神経性拒食症として問題とされている[3]。我々の身体の活性組織（内臓器や筋肉組織）とエネルギーを貯蔵するための脂肪組織で構成されていて、「肥満」状態では、脂肪組織が過剰に蓄積した状態である。日本肥満学会の基準＝BMIによる判定において、19.8未満は「やせ」、19.8以上24.2未満は「普通」、24.2以上26.4未満「過体重」、26.4以上「肥満」、35.9以上「高度肥満」とされている。

近年は「やせ」礼讃の社会とされる、スリムな体が女性の美の基準になったのは昭和40（1961）年以降で、女性週刊誌が次々と創刊されて、やせる為のダイエット特集を組まれてきた。拒食症が出現したのは、暮らしが豊かになり、食物が豊富になり、経済成長とともに増加してきた[5)]。若い女性たちは体重が不足している場合でも、体重が増加することに強い関心があって、体重を測定することに不安を抱いている。男女のBMI値において最多は18～19で（78.2%）、次いで≦17で（72.1%）、24～25では（42.0%）と激減している。

なお、アレルギー体質のある者のBMIの関連でも最多は18～19で（35.6%）も多く、次いで、20～21（32.4%）、≦17（29.2%）、肥満と言えない24～25では（24.9%）と減少している。

レプチンと免疫機構について、栄養失調の時には、飢餓ではなく感染症で死亡する例が見られるが、レプチンの機能が免疫機能の制御に果たしているとされ、ヒトでは体脂肪が少ない場合に、レプチンの減少に伴う細胞性免疫の不全が認められていて、レプチンは体脂肪と細胞性免疫機能との橋渡しをする役割があることを示唆している[4)]。

今回、アレルギー体質は“環境物質である”者の最多は18～19で（23.0%）で、次いで24～25になると（14.8%）となり、肥満に至る26≦では（13.6%）に減少していた。

アレルギーを有していて、BMIの関連のある者で、兆候のある者では、最もBMIの低い値“17”よりも低値である者においては、“寒がりのある”（26.6%）＞、“腰や背中の痛みがある”（24.7%）＞、“めまい（たちくらみがする）”（21.4%）兆候があり、一方「肥満となる」26≦に至ると、“腰や背中の痛みがある”（35.2%）＞集中力と記憶力が劣っている（25.9%）となっている。なお「普通体重」の24～25では“腰や背中の痛みがある”（37.5%）＞“集中力と記憶力が劣っている”（27.2%）であった。

体重調節は“肥満となる”人には欠かせないが、急速に実施されるダイエットの効果は、免疫能の低下に問題を生じさせる。この急激なダイエットによりNK細胞などの免疫担当細胞の減少が、癌や感染症にかかりやすい体質になることが示唆している[6)]。

現在、多人数の集まる講義中に、教室の（空調）温度調節の切り替えを希望する者の多くは、痩身の女性が“皮膚は蒼白にして、寒い状態を全身で表し”我慢できない状態を現わしている。高齢の女性とは比較にならないほど増加していることは最近の光景である。

文　献

1）山本一彦「実験医学（アレルギー疾患の免疫機構）」羊土社、2009年12月発行第27巻第20号
2）石井保之『花粉症のワクチンを作る』岩波書店、2010年２月
3）巽典之『緊急対処ガイドブック―病態・検査値から院内トラブルまで―』金芳堂、2008年６月
4）蒲原聖可『ヒトはなぜ肥満になるか』岩波書店、1998年12月
5）宮岡等『拒食症』同文書院、1996年６月
6）星恵子『ストレスと免疫“ストレス病はなぜ起こる、どう防ぐ”』講談社、1993年

子ども時代の経験が、いじめやハラスメントの解決に影響する
――日本と中華人民共和国（天津市）の比較――

平塚儒子

はじめに

現代の日本社会は、いじめによる自殺が社会問題となっている。いじめを放置することによって、仲間意識を持たないといったこと、相手の立場にたてない、そこで、その未発達のために日常的なストレスを仲間に対して向けて、いじめや暴力などの問題行動を生じさせている。これらの現象は本調査研究において、日本では1990年出生の若者に多く現れていた。日本人のいじめ教育は、学校の教育現場においては、「いじめ」問題は人権教育として取り扱われていて、偏見と差別に起因するところにあり、教育がなされているが、文部省の2006年度児童生徒の問題行動等の「いじめの認知（発生）している学校数の推移の中で極めて高い値を示していたのは2005年度であったことが報告されている。この問題は本調査において“いじめ経験のある者”は「不登校や引きこもり状態」にいたってたること、「自己実現にも努力していない」または出来ない状態にある者に最も多く現れていた。さらには他者との円滑な対人関係を営むことができない、一人で過ごすことを好む若者が現れていることが判明した。

次に、中華人民共和国はこの10年で沿岸部を中心に経済発展をとげ、とりわけ都市住民と農村住民の所得格差が現れていて、人口抑制のための一人っ子政策を取っているために、男女の人口構成もいびつである。このような少子化の国、中華人民共和国・天津市（N＝467）社会主義国と日本（N＝595）

民主主義国の両国の少子高齢社会の住民に対して、“いじめの対処となる要因”について、アンケート調査を実施した。その結果、両国とも解決へのこうどうとして①「子ども時代のチャムグループ（同性の同じ年齢の子どもとグループを作り遊ぶ)」の人間関係発達が基礎となっていること、②「自分以外の他人が何かを達成したり、成功したりすることが観察できた」者に、人と接する際の社会的情報処理に好影響を与え社会的に適応でき、自己統制が出来きていることが現れていた。なお、ストレスの兆候も「いじめやハラスメントの目撃による行動」に有意な差があり、日本と中華人民共和国（天津市）に現れていた。このことは両国のストレス対策が必要であり、今後の対策によっては児童・生徒の公教育の訓練の実施によって、全国的な「いじめやハラスメント」の解決への効果を期待できると予測している。

1．緒言

近年いじめの問題の増加は大きな社会的問題となっている。文部科学省の1995年（いじめ発生６万96件）をピークに、2006年３万7,818（４万315）校で、認知件数は11万9,360（12万4,898）人であった。いじめの発生件数いじめの問題行動に遭遇した時の対処によっては、子ども自身の攻撃性が社会のルールに違反して、危害を生じさせている。さらに、いじめを受けた児童・生徒に生きる為の尊厳性を奪い、不利益を与えていることが報道されている。一方、子どもたちのその後の仲間関係や友人作りを支援する上で、大きな発達や教育上の問題を生じさせて解決困難な課題となっている。その原因を日本の社会的背景から概観すると、我が国の出生率の低下傾向はとどまらず、少子高齢社会、教育加熱に伴う低年齢からの塾通いがされて、幼稚園や小・中学校で出会う仲間との交流は、社会性の発達に大きな役割を持っているが疎外される要因が多く、近年は子ども時代からの仲間集団の解体から来る精神発達成長が自己遅延させている。なお、日常生活において、“不安心配ごとと不眠”によるストレス兆候を生じさせて、仲間に向けては、相手の立場に立てない行動が近年の陰湿な暴力行動となり、「いじめやハラスメント」を生じさせている。

一方、子ども時代の“他人の達成や成功を見ることなく育った者”や“モラトリアム状態”の者は、人間関係が希薄となり、無気力となり、いじめの問題がかえって傍観者化していくことで、この状態が仲間との親密な関係を保つことができないままで大人になっていくことが懸念された。

2．研究の対象と方法

研究の対象は、日本は、大学生と社会人の日常生活活動を行っている男女（n＝600）と中華人民共和国（天津市）の大学生と社会人の日常生活活動を行っている男女n＝（470）である。

いじめやハラスメントに現れる諸行動とストレス兆候を別紙に示すアンケート用紙を用いて本人の同意のもとに書面調査を行った。中華人民共和国は2010年天津市の大学の教員や大学生の協力を得て調査を行った。日本は大阪府、岐阜県、長野県の大学生と社会人にご協力いただき、皆様には深謝する。

1）調査用紙（日本・中華人民共和国）

『いのちと心』のアンケート（一般成人用）

1．子どものころの、次のようなことについて回答ください（1つ）	良いことだと思うし、よく行っている	良いことだと思うが、行わない	良いことだと思わないが、行っている	良いことだと思わないので、行わない
① いじめやハラスメントを目撃したら通報する	①	②	③	④
② みんなの意見と違っていても、自分の意見を言う	①	②	③	④

2．次のようなことについて回答ください	はい	いいえ
① 私は、何をしたらよいか決められない	①	②
② 私は、同性の同じ年齢の子どもとグループをつくり遊んだ	①	②
③ 私は、何かに思いきり打ち込んだり、挫折した経験がある ④ 私の両親は、愛情を注いでくれた		
⑤ 私の両親は、正しく躾けてくれた ⑦ 私は、塾に通っていた，または通っている ⑥ 私は、遊びの参加が出来て、“嫌なことを拒否”ができる		
⑧ 私は、達成するために、自分に合った、ちょうど良い目標を選んでしまう		
⑨ 私は、達成するために、簡単すぎる目標を選んでしまう		
⑩ 私は、達成するために難しすぎる目標を選んでしまう		
⑪ 私は、最も重要なことで、自分自身で達成したり、成功したりした経験がある		
⑫ 私は、自分以外の他人が何かを達成したり成功したりすることを観察できた		
⑬ 私は、自分に能力があることを言語的に説明されたり、言語的なはげましがあった		
⑭ 私は、生理的、情緒的高揚や、その他で気分がこうようすることがあった		
⑮ 私は、目標に向かって選んでいるという期待がある		
3．日本人の高校・大学生・成人に対して	はい	いいえ
⑯ 不登校（学校に行けない）や、引きこもりの経験がある		
⑰ 生きがいがあり、自己実現（やりたいことをできるように努力している		
⑱ 他人と相互援助（おたがいに、思いやって、たすけあう）経験をした		
⑲ いじめを経験した		
⑳ 自分から他人に働きかけることが、繰り返しできる		
㉑ 自分から、他人に働きかけることが、くり返しできる		
㉒ 他人に興味がなく、自分にも興味がない		
㉓ 友達を、なぐさめたり、助けてあげることがある		
㉔ ときどき、心配事があって眠れない		

3．結果

調査研究結果は、次のようになった。

3－1）いじめを経験した者の出生年代の推移（図3－1）

日本の「いじめを経験した者」の出生年代の推移は1994年までの出生は（30.0%）、1993年（42.3%）、1992年（46.3%）、1991年（50.0%）と上昇して、1990年（58.0%）は最多となり、その後、1989～1986年では（37.9%）と低下傾向となり、1985年以降では（33.3%）である。

図3－1　いじめを経験した出生年代の推移

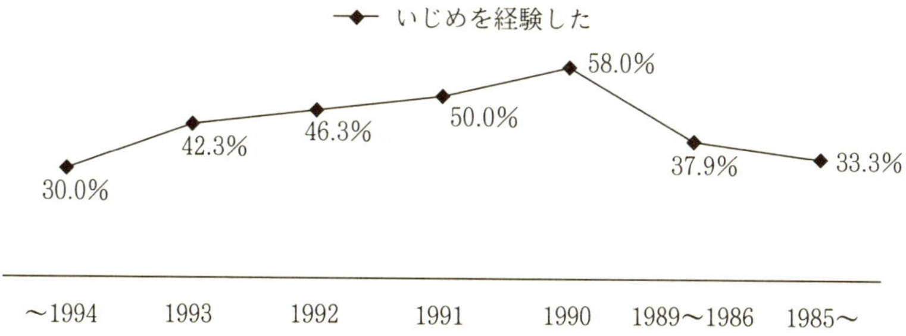

2012年10月日本人に対して平塚が調査した　N＝423

3－2）「いじめの経験のある」者は、「不登校・引きこもりの経験があり、自己実現できない」（図3－2）

「いじめの経験のある」者の最多は、“不登校や引きこもりの経験があって、自己実現に努力はない”（72.2%）で、次いで“不登校や引きこもりの経験があって、又は、自己実現していない、うち、何れか”の者は（45.8%）、最小は“不登校や引きこもりの経験はなく、自己実現している者”は（38.6%）であった。

一方、「いじめの経験のない」者の最多は、“不登校や引きこもりの経験はなく、自己実現をしている”（61.4%）で、次いで“不登校や引きこもりの経験がある、又は、自己実現をしていない、何れかで”(54.2%)、最小は“不登校や引きこもりの経験があって、自己実現に努力のない”(27.8%)であった。

いじめの経験の無い者は、不登校や引きこもりの経験をすることなく、自己実現をしている者に多かった。

図3－2　「いじめの経験がある」者は、「不登校・引きこもりの経験があり、自己表現できない」

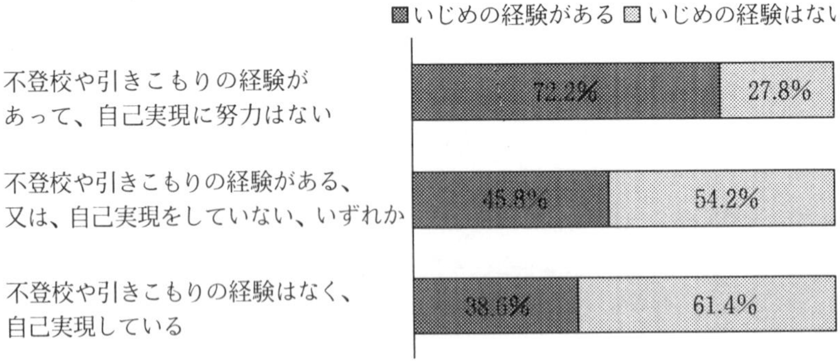

2012年日本人に対して平塚が調査した　N＝804

3－3）いじめ経験における、“いきがい・自己実現”と“不登校・引きこもり経験”に関連する兆候（表1）

いきがいがあり、自己実現に努力している相関の発現項目の最多は、他人と相互援助経した（95.3%）、他人の成功を見たことがある（94.8%）、友達を慰めたり、助けることがある（92.0%）、

自分で、何かを達成したり、成功した経験がある（90.6%）、自分から、他人に働きかけることが繰り返しできる（62.9%）、目標に向かって進んでいることが実感できる（58.7%）、何をしたらよいか決められない（30.5%）、他人に興味がなく自分にも興味がない（14.6%）の順である。

他方、不登校や引きこもりの経験がある相関の発現項目の最多は、他人と相互援助経験をした（79.4%）、自分で、何かを達成したり、成功した経験が

表１　いじめ経験における、“いきがい・自己実現”と“不登校・引きこもり経験”に発現する自己判断

いきがいがあり、自己実現に努力している相関の発現項目	（%）
1．何をしたらよいか決められない	30.5
2．他人に興味がなく自分にも興味がない	14.6
3．自分で、何かを達成したり、成功した経験がある	90.6
4．他人と相互援助経験をした	95.3
5．自分から、他人に働きかけることが繰り返しできる	62.9
6．友達を慰めたり、助けることがある	92.0
7．他人の成功を見たことがある	94.8
8．目標に向かって進んでいることが実感できる	58.7
不登校や引きこもりの経験がある相関の発現項目	N＝68
1．他人に興味がなく自分にも興味がない	36.8
2．自分で、何かを達成したり、成功した経験がある	69.1
3．他人と相互援助経験をした	79.4
4．時々、心配事があって眠れない	61.8

ある（69.1%）、時々、心配事があって眠れない（61.8%）、他人に興味がなく自分にも興味がない（36.8%）の順であった。

3－4）日本人の、“いじめやハラスメントを目撃した”そのときの、対処方法の出生年代別推移

“いじめやハラスメントを目撃したら通報する”者の最多は1940年≦で、ついで1950年、1960年、1970年、1980年の順で、最小は≦1990年であった。

“いじめやハラスメントを目撃したら通報することは良い事と思うが、通報しない”者の最多は≦1990年で、次いで1980年、1970年、1960年、1950年の順で、最小は1940年であった。

図３－４　日本人の“いじめの経験がある”者と、“不登校・引きこもりの経験がある”“他人に興味はなく、自分にも興味がない”状態の関係

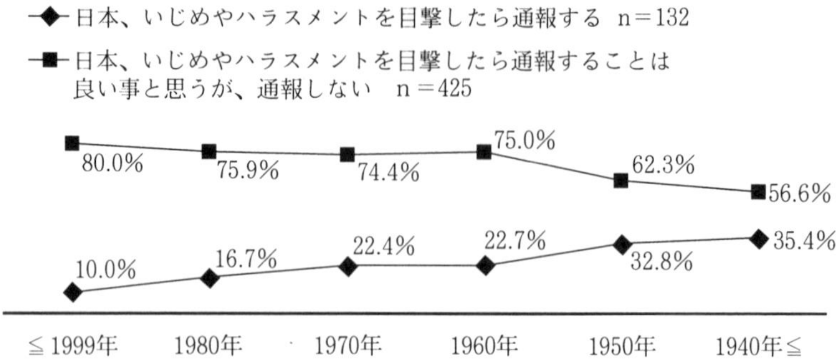

2010年日本の住民に対して平塚が調査した　　n＝596

３－５）中華人民共和国（天津市）人の、“いじめやハラスメントを目撃した”そのときの、対処方法の出生年代別推移

中華人民共和国（天津市）人の、“いじめやハラスメントを目撃したら通報する”者の最多は、1970年で、次いで1950年、1980年、1940年≦、1960年の順で、最小は≦1990年であった。一方、“いじめやハラスメントを目撃したら通報したらよいが、通報しない”者の最多は1960年で、次いで≦1990年と1940年≦、1950年、1080年の順で、最小は1970年であった。

図３－５　中華人民共和国（天津市）人の、“いじめやハラスメントを目撃した”そのときの、対処方法の出生年代別推移

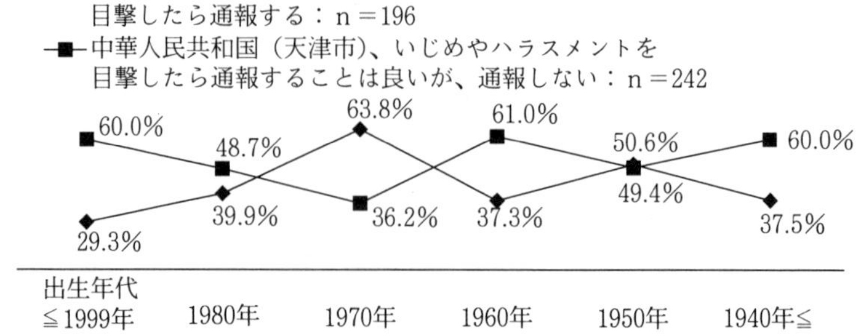

2010年平塚が中華人民共和国（天津市）の住民に対して平塚が調査した。　n＝466

3－6）いじめやハラスメントを目撃した時の行動と「同性の同じ年齢の子どもとグループをつくり遊んだ」者の日・中の比較

いじめやハラスメントを目撃した時の行動と「同性の同じ年齢の子どもとグループをつくり遊んだ」者の日・中の比較　において、中華人民共和国の最多は、良いことだと思うし、よく通報している。次いで、良いことだと思うが、通報しない、良いことだと思うが通報しないの順で、最小は良いことだと思わないが通報しているであった。

日本の最多は、良いことだと思わないが、通報している、次いで、良いことだと思うし、よく通報している、良いことだと思うが通報しないの順で、最小はよいことだと思わないので通報しないであった。

図3－6　いじめやハラスメントを目撃した時の行動と「同性の同じ年齢の子どもとグループをつくり遊んだ」者の日・中の比較

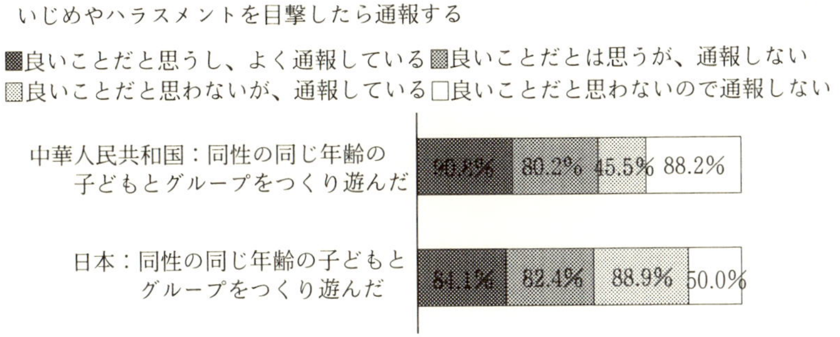

2010年日本n=595と中華人民共和国（天津市）n=466の住民に対し平塚が調査した

3－7）「いじめやハラスメントを目撃した時の行動」と、「自分以外の他人の達成や成功を観察できた」者の日・中の比較

中華人民共和国の自分以外の他人が何かを達成し、成功したことを観察できた最多は「良いことだと思わないので通報しない」、ついで「良いことだと思うし、よく、通報している」、「良いことだと思うが、通報しない」の順

で、最小は「良いことだと思わないが、通報している」であった。

日本での最多は「良いことだと思わないが、通報している」、ついで「良いことだと思うし、よく通報している」、「良いことだと思うが、通報しない」最小は「良いことだと思わないので通報しない」であった。

図３－７　日本と中華人民共和国（天津市）の、いじめやハラスメントを目撃した時の、通報”に関する行動と「自分以外の他人が何かを達成し、成功したことを観察できた」者の比較

いじめやハラスメントを目撃したら

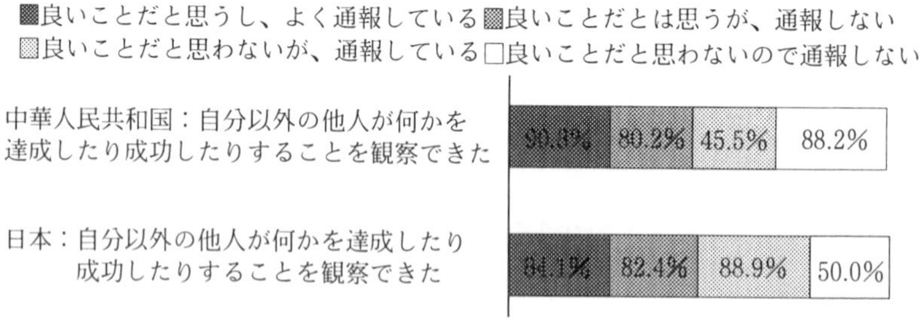

2010年日本n=595と中華人民共和国（天津市）n=466の住民に対し平塚が調査した

３－８）「いじめやハラスメントを目撃した時の行動」に現れた“ストレス兆候”の日本、中華人民共和国（天津市）の比較

“いじめやハラスメントを目撃したら通報する”において、

１）「何をしてよいか決められない」状態では、◎「良いことだと思うし、よく通報する」者は、中華人民共和国は日本よりも多く、一方、◎「よいことだと思うが、通報しない」者も中華人民共和国が日本よりも多かった。

２）「心配事があって、眠れない」では、◎よいことだと思うし、よく通報する」者は、中華人民共和国は日本よりも多く、◎「良いことだと思うが、通報しない」者は、日本は中国よりも多かった。

３）「うろたえやすい方」では、◎「よいことだと思うし、よく通報する」者は、中華人民共和国は日本よりも多く、◎「良いことだと思うが、通報しない」者は、日本は中華人民共和国よりも多かった。

表２「いじめやハラスメントを目撃した時の行動」に現れる“ストレス兆候”の日本、中華人民共和国（天津市）の比較

いじめやハラスメントを目撃した時の行動とストレスサイン	◎良いことだと思うし、よく通報する（%）		◎良いことだと思うが、通報しない（%）	
日本／中華人民共和国（天津市）	日　本	中　国	日　本	中　国
1）何をしてよいか決められない	13.6	57.7	28.9	42.1
2）心配事があって眠れない	29.5	38.3	30.4	28.1
3）うろたえやすい方である	27.3	39.8	41.2	32.6

考　察

1986年度以降、文部科学省は「いじめ」問題を「自分よりも弱い者に対して一方的に、身体的・心理的な攻撃を継続的に加えて、相手が深刻な苦痛を感じている者。なお、起こった場所は学校の内外を問わないこととする」と表している[1)]。なお、2006年度よりいじめの定義を「当該児童生徒が一定の人間関係のある者から、心理的・物理的な攻撃を受けたことにより、精神的な苦痛感じているもの」と見直した。

文部科学省の2007年11月の調査資料によると、いじめの認知（発生）学校側の推移（公立学校）において、2005年で（37,819）と最多となっている[1)]。

なお本調査の「いじめを経験した」者の出生推移をみると、1994年では（30.0%）であったが、その後増加の傾向にあって、1990年の出生は（58.0%）と最多となっている。したがって最多の1990年出生は2005年では15歳（中学３年生）となっていた。

日本人の、“いじめやハラスメントを目撃したら”「通報することは良い事と思うし、通報する」者の最多は1940年で、次いで1950年、1960年、1970年、1980年の順で、最小は≦1990年であった。いじめの対処で、迷わず通報するのは1940年代で、最小は1990年であった。1946年（昭和21）年に天皇は人間宣言を行い、天皇の神格化のを否定した。そして47年（昭和22年）３月、平和主義と民主主義を基本理念とする教育基本法、6・3・3・4制の新教育制度を定めた学校教育法が制定され、4月から実施され、男女共学や9年の義務教育制が採用された。子どもたちは、1940年代から1950年代にかけて、都市部であっても自由に出入りができる空き地が多く、子どもたちは遊びに事欠かなかった。とりわけ、チャンバラごっこは、昭和20年〜30年代はラジオドラマや漫画の普及で人気が高まっていた。さらに、1970年代に入ると高等学校への進学率は90%を超え高等学校は事実上義務教育的な機関となった。大学進学率も30%を超えた。しかし、教育の大衆化は同時に激しい進学競争や学校間格差をもたらし、家族、勉学、地域社会に変貌があらわれ、子どもの攻撃心の心の闇が仲間に残虐行為をして喜びを感じる人間が現れてきた。[2)3)] 関係性攻撃は、直接的な身体的攻撃、言語的な攻撃を使わずに、仲間関係を操作することによって相手に危害を加えることを意図した行動である。攻撃的な子どもは、相手の権利を侵害し、相手から不快にさせるような方法で人と関わることが多い。攻撃的なかかわりによって仲間集団から報復を受けることもあり、仲間集団から拒絶されることもある。

近年のいじめの実態には、攻撃性に加えて、金品をたかられ、金品を隠されたり、盗まれたり、壊される、捨てられる。いやな事や恥ずかしいこと、危険なことをさせられたりする。またパソコンや携帯電話等で、誹謗や中傷や嫌なことをされる。[2)] これら日本の関係性攻撃はとりわけ女児の攻撃性を理解する上で重要であると表している。[1)] 動物が同じ種族の他の部分を攻撃するのは、自分と相手の力の優劣を決するのが目的で、負けの動作を示した相手にさらに攻撃を加えて痛めつけるようなことはしない。人間は虐待や差別を受ける苦しみを感じることができるにも関わらず、一方では苦しみを解放する方へと回り、もう一方は苦しみを与える方へと回る。人間は2面性を平然と備えていることを示唆している。[4)]

本調査研究において、「いじめ」の経験のある者では、最も多かったのは、「不登校や引きこもりの経験があって、自己実現に努力していない」者であり、ついで、「不登校や引きこもりの経験があるか、あるいは、自己実現に努力していない」者であった。このように、人間関係が苦手のある弱いと思われる者に、集団が、特定の個人に対して「いじめ」る行為であった。

本調査においては、「不登校や引きこもり経験のある」者やこれからこの兆候にある者と、「自己実現に努力できていない」者に対して「いじめ」を経験している。

また、江川らは、いじめ問題の背景には、社会的要因もある。わが国には古くから、弱い者いじめの風潮や差別意識が根強くみられる。さらには、人間の本性である「攻撃性」「優越欲」それに「向上心」もいじめ行為の根本的要因として見逃せないと表している[5)]。

ストーは、いじめの攻撃心が復讐心を含むようになると、憎悪に転じる。この憎悪が弱いものへと駆り立てるのである。攻撃者が憎悪を持つようになるのは、自身に恥辱を受けた過去があり、その恥辱に対して復讐しようとする欲求があると示唆している。

「自己実現に努力している」者と相関の発現項目の間で、最も多く現れた項目は、他人と相互援助経した（95.3%）、他人の成功を見たことがある（94.8%）、友達を慰めたり、助けることがある（92.0%）、自分で、何かを達成したり、成功した経験がある（90.6%）、自分から、他人に働きかけることが繰り返しできる（62.9%）、目標に向かって進んでいることが実感できる（58.7%）、何をしたらよいか決められない（30.5%）、他人に興味がなく自分にも興味がない（14.6%）の順であった。この実現の努力は、アブラハム・マズローによれば、「人間は自己実現に向かって絶えず成長する生き物である」と仮定して、1）生理的欲求、2）安全の欲求、3）所属と愛の欲求、4）自己実現の欲求へと成長すると表している。マズローの欲求段階説では、欠乏欲求（最初の4欲求）が十分に満たされていない場合において、十分に自尊心が育まれていないために、自己実現の欲求が現れないと考えられている。

いじめやハラスメントを目撃したら通報することについては、“いじめやハラスメントを目撃したら通報することは良い事と思うが、通報しない”者は、1940年では56.6%であったが、1960年で75.0%と上昇傾向となって、1990

年代では80.0%と最も高い値を示している。日本の昭和35（1960）年生まれは、いつも「受験」であり、恋愛も、スポーツも、交友も「受験」の妨げにならないような形でしか、存在しなかった。人は自分の経験をもとに培われた価値感にもとづき物事をみて、判断し、行動するものである。昭和35（1960）年生まれは、「ほとんど無意識のうちに、「偏差値」で人間を判断し、わが子の「学力」やテストに敏感に反応し、そうした目で学校の教育を評価し、教育行政の良し悪しを判断し、言動を弄するのは無理もないことである」と表している[6]。しかしながら、それ以降も“いじめにおいては」、通報することはしない”という価値判断である。

中華人民共和国は古代から、大河の流れを中心に国土が形成されて、農業が発達して、船の航行が盛んとなっていった歴史があった。21世紀には沿海の省で海外からの投資によって経済活動が飛躍的に発展した結果、人が都市に集まり、1980年から2000年の間に中国人は、地方から都会へ、内陸から沿岸へ、農業からサービス業（第3次産業化）へと動いている。

改革開放による高度経済成長がはじまり、そして1990年代後半においては教育改革によって、中国では多くの若者が高等教育を受けられるようになった。その一方で大学卒業者の数が急速に増加し、就職難深刻化をきたしている。都市部を中心に仕事を持てない若者は親のスネをかじりながら生きているケンラヲズウという若者が急増している[7]。

農村地域においては、家庭の問題として、法定結婚年齢に違反する早婚、売買婚、結婚の未登録がある一方で、大都市では離婚問題が際立っている。近年は家庭内暴力は中国でも増加の傾向がある[8]。

さらに、生産年齢人口の人口ボーナス期は2010年には終わってしまい、現在では少子高齢化が一気にきたしている[9]。

日本の経済状態について、ジニ係数によると、格差や不平等を計測する際に使われる数値で、1に近づくほど所得配分の不平等が高くなる。日本は、厚生労働省の「所得再分配調査」によれば、1981年では0.314であったが、2002年で0.381に上昇している。

なお教育では「人間が道徳的にかなった行いをするには、道徳教育の時間に真面目に授業に臨み」いい成績を取ったからだとか、その徳目について多くのことを学習したとか、厳しいしつけや訓練を受けて道徳的な行為をしっかり身につけたからのことでは断じてない。要するに、人間が道徳的な行為をするようになるのは他律的なことではないということである。他者とのいい関係を持続させることを意図して行った行為である、と示唆している。本研究において、いじめやハラスメントを目撃した時の行動と「同性の同じ年齢の子どもとグループをつくり遊んだ」者の日・中の比較 において、中華人民共和国の最多は、良いことだと思うし、よく通報している。最小は良いことだと思わないが通報しているであった。

日本の最多は、“良いことだと思わないが、通報している”この問題は日本では、いじめに対して、消極的であり、伝統的な地域社会が教育力を失い、知識偏重が競争主義を押し進め、子どもたちの心の仲間意識の分断を押し広げ、他者への関心と信頼感をなくしていて、他者との相互行為の消失をきたして、「いじめ」は他者の心身の痛みや、人の命の尊厳性と自己決定の権利を奪っていることについて何も感じられない状態で、もし良心をもって中止させると、自身に「いじめ」が降りかかると迷惑であるいう構図である。なお、集団に対してきわめて敏感ではあるが、若者自身も自暴自棄で、他者に対して忌避的で、他人を思いやる人間的な愛着、信頼、共感はなく社会からの乖離を引き起こしていると推測される。このような集団は社会の参画に積極的になれない人間である。

中華人民共和国については、最多は“良いことだと思うし、よく通報している”である。中国は内陸から沿岸へ、農業からサービス業（第３次産業化）へと急な変化の下で、社会的、経済的に格差社会へと進行中である。しかしながら、他人に対して同時代を生きている他人に対して相互行為が、心を許し合い、隣人や友人たちを自身に取り組んでいることが推測できる[6)]。

子どもは、生活の様々な場面で経験する「大切な人々」のかかわりにおける充実感や信頼感が、各時期の成長課題克服の力となり、自分の存在に自信を与え、人格形成を支えていく。そして関わりは個人対個人の関係から次第に中くらいの集団社会、そして大きな集団社会との関わりへと展開していき、その関わりの充実が子どものたくましさと自信を与え、人々の間で生きていける社会的存在としての人格形成を確かなものにしていく。人格形成上に必要な「大切な人々」との関係が希薄なだけでなく、現代の社会そのものの問題があり、子どもを育てる力」を非常に弱めている[1)]。

なお、子どもは成長とともに自我が芽生え、思春期に至る中で、周囲の人々との間でトラブルを起こし、自己葛藤を繰り返すことになり、成長するが、甘く育った子供は、「トラブル」「自己葛藤」に直面しても、自分が困っているという自覚が持てず、人のせいにしがちな傾向がある」と表している[10)]。中国における、ここ数年、若者たちの大都市離れが目立つようになった。夢をかなえるため、あるいはより良い暮らしを求めて大都会を目指し、奮闘してきた彼らに、大きな心境が起こりつつあり、高待遇、高収入の仕事はほとんどなく、安い賃金に甘んじながら狭い住居で暮らす状態である。「北漂一族」や「蟻族」と呼ばれ、厳しい生活を強いられている。

激しい競争にさらされる大都市の生活に疲れた若者たちにとって、最終的にどこにたどり着くかは、わからない状態である（梁過、現代中国「解体」新書、講談社、2011年６月)。

1960年代の高度成長期は、製造業、建設業、商業、金融産業の大企業経営者が高額納税者となり、高度成長の担い手であった[12)]。

日本が戦後から高度成長期～世紀末にかけ50年を費やしてきた。しかしながら中国はわずか15年足らずで走りぬけようとしているが、格差、バブル、環境汚染などが現れている[13)]。

表３　日本の成長の速度（50年で成長した日本）　日本 1950年～2000年

1950年代	64年	70年	73年	75年	85年	95年
農村からの出稼ぎ	東京五輪	大阪万博	円が変動相場制に移行、物価メーデー	ストライキが多発、狂乱物価	「プラザ合意」により円高が加速	労働人口ピーク

（15年で成長する中国）　中国 1990年代後半～2015年

1990年代末	2001年	2005年	2007年	2008年	2009年	2015年
農村からの出稼ぎ	世界貿易機関加盟	人民元切り上げ	消費者物価指数上昇率4.8%	北京五輪	上海万博	労働人口がピークに

2010年日本VS中国、別冊宝島1670、より作成

日本人の、“いじめやハラスメントを目撃したら”通報することは良い事と思い、通報する者の最多は1940年で、次いで1950年、1960年、1970年、1980年の順で、最小は≦1990年であった。1940年代から1950年代は、都市部であっても自由に出入りができる空き地が多く、子どもたちは遊びに事欠かなかった。高度成長とともに空き地には住宅やビルが続々と建ち、遊びの場が失われていった。一方核家族化や夫婦共働きで、家の中では「カギっ子」が増加して、年長から年少へと世代を超えて受け継がれた「遊びは」は失われていった。30年代後半までの「紙芝居」は全国で５万人の紙芝居業者がいて、子どもに人気があって、その後はテレビの普及で衰退した。男子の遊びとしては「チャンバラごっこ」も「空き地」の減少と玩具・遊具の発達、子どもの遊びの多様化で消滅した。

人間の子どもは、大人に成長するまでは、ほかの動物に比べてかなり長い、親子の関係から、さらにそれらを含めて家族、学校、地域社会へとその世界を広げていく、そのステージに重要な意味がある。なお次の図による女性雇用割合・３世代世帯・合計特殊出生率・結婚後の家庭専念の推移によると、３世代世帯は1955年では（43.9%）であったが、2004年では（9.7%）と低下

図　女性雇用割合・3世代世帯・合計特殊出生率・結婚後の家庭専念の推移

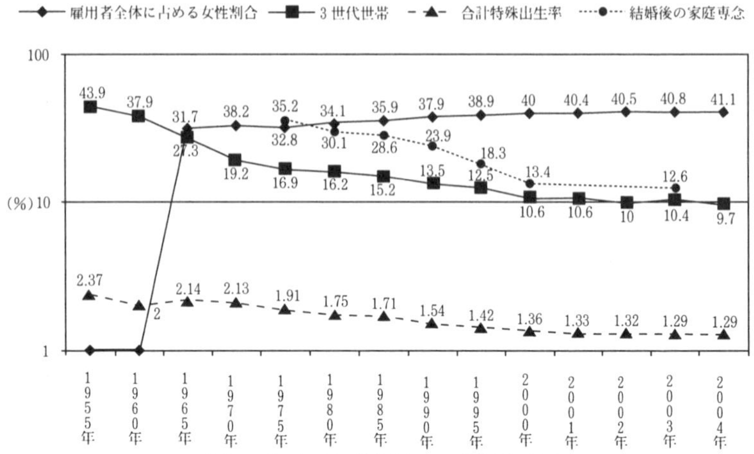

資料：平成17年厚生労働白書とＮＨＫ放送文化研究所

した。特殊出生率では1955年では（2.37%）であったが、2004年では（1.29%）となっている。近年グローバル化が進み、情報通信ネットワークの著しい発達が見られる一方、これに伴って、人間関係も希薄になってきて、教育の過熱も著しく、インターネットの普及率も高く、私たちの普段の生活の仕方もそして人とのコミュニケーションの仕方も変化してきている。人の達成・成功は他人が何かを達成して、成功することを観察出来ることも一つである。メールでかろうじてつながる人間関係は、他者とのつながりは極めて弱いものである。

今回の調査で、中華人民共和国の“自分以外の他人が何かを達成し、成功したことを観察できた者”の最多は「良いことだと思わないので通報しない」、ついで「良いことだと思うし、よく、通報している」であった。

日本での最多は「良いことだと思わないが、通報している」、ついで「良いことだと思うし、よく通報している」であった。われわれ人間として最も不愉快な性質は、「弱い者いじめ」をするという傾向である。「いじめ」の対処行動の一つは子どもが、地域社会やグループ活動の指導者、教師に通報できて、同じ感情移入が出来る豊かな人間性構築の教育の場とするべきであると考える。

文　献

1）清水一彦『最新教育データブック［第12版］』時事通信出版、2008年11月
2）松尾直博『子どものパーソナリティと社会性の発達』北大路書房、2000年5月
3）五味文彦・鳥海靖『もう一度読む山川日本史』山川出版社、2009年10月
4）渋谷昌三『面白いほどよくわかる深層心理』日本文芸社、2009年7月
5）江川文成『最新教育キーワード137［第12版］』時事通信出版、2007年7月
6）門脇敦司『親と子の社会力─非社会時代の子育て教育─』朝日新聞社、2003年12月
7）梁過『現代中国「解体」新書』講談社、2011年6月
8）中村優一・阿部志郎・一番ヶ瀬康子『世界の社会福祉年鑑 2003 第3集』旬報社、2003年11月
9）ジャン・クリストフ・ヴィクトル『地図で読む世界情報─第1部なぜ現在の世界はこうなったか』2007年8月
10）近藤正一『モバイル社会を生きる子どもたち─「ケータイ」世代の教育と子育て』時事通信出社、2011年3月
11）橘木俊昭『格差社会─何が問題なのか─』岩波書店、2006年10月
12）村上夏香『2010年日本VS中国』別冊宝島1670、2010年1月

“いじめ”や“ハラスメント”を経験した日本と中華人民共和国（天津市）の子ども時代の社会的影響
——日本と中華人民共和国（天津市）の比較——

平塚儒子

はじめに

現代の日本社会は、いじめによる自殺が社会問題となっている。いじめとは、暴力よる生命・身体・自由・財産への侵害を継続することによって、あるいは、言葉による、仲間外れによって、名誉や精神的自由への侵害を通して、相手からコミュニケーション相手として真面目に扱われる権利を剝奪することによって、相手の人格を否定しようとする行為である。人権侵害を通して人格そのものを攻撃するところに、いじめの本質があり、それゆえに“いじめ”はつらいのである。

中華人民共和国では、一人っ子政策では、急速な高齢化や男女比のアンバランスを引き起こしているた。[1)] さらに戸籍登録のない子どもが生まれており、社会保障も義務教育も受けられない子どもは、中国全土で4,000万人とも、数億人とも上がっているとされる。[2)]

一人っ子第一世代は協調性や自立心に欠け、晩婚化やニートに伴った「社会的引きこもり」や「社会的脱落層」問題を引き起こしていると推測される。[3)]

日本においては、いじめの経験をした者の最も多い出生年齢は1990年であった。浅い人間関係は、自分や他人の力量を推測できないので、そこで、攻撃性とともにいじめが表出する。今回の調査において、“いじめの経験者”は「不登校」との優位な関係が判明した。“いじめ”の経験者は、いじめグループの依存関係が生じていて、離れなれない関係にある。

1．研究の方法と内容

1）調査の方法

『いのちと心』のアンケート　アンケート調査は、2010年調査の対象は、日本は、大学生と社会人の日常生活活動を行っている男女（n＝600）と中華人民共和国（天津市）の大学生と社会人の日常生活活動を行っている男女n＝(470）である。

いじめやハラスメントに現れる諸行動とストレス兆候を別紙に示すアンケート用紙を用いて本人の同意のもとに書面調査を行った。中華人民共和国は2010年天津市の大学の教員や大学生の協力を得て調査を行った。日本は大阪府、岐阜県、長野県の大学生と社会人にご協力いただき、皆様には深謝する。調査から求めたデータは、1次集計の後、2次集計を実施して、カイの検定の結果有意の差のあったものを採用した。

2）調査用紙

項目の選択は、過去の研究成果として得られた、「いじめ」の関係を最もよく反映できるものに限定した。

調査用紙（日本・中華人民共和国）

2）－1．『いのちと心』のアンケート（一般成人用）

1．子どものころ、次のようなことについて、回答ください（1つ）	良いことだと思うし、よく行っている	良いことだと思うが、行わない	よいことだと思わないが、行っている	良いことだと思わないので、行わない
①いじめやハラスメントを目撃したら通報する	①	②	③	④
②みんなの意見と違っていても、自分の意見を言う	①	②	③	④

2．次のようなことについて回答ください	はい	いいえ
①私は、何をしたらよいか決められない	①	②
②私は、同性の同じ年齢の子どもとグループをつくり遊んだ	①	②
③私は、何かに思いきり打ち込んだり、挫折した経験がある ④私の両親は、愛情を注いでくれた	①	②
⑤私の両親は、正しく躾けてくれた ⑥私は、遊びの参加が出来て、“嫌なことを拒否”ができる ⑦私は、塾に通っていた、または通っている	①	②
⑧私は、達成するために、自分に合った、ちょうど良い目標を選んでしまう	①	②
⑨私は、達成するために、簡単すぎる目標を選んでしまう	①	②
⑩私は、達成するために難しすぎる目標を選んでしまう	①	②
⑪私は、最も重要なことで、自分自身で達成したり、成功したりした経験がある	①	②
⑫私は、自分以外の他人が何かを達成したり成功したりすることを観察できた	①	②
⑬私は、自分に能力があることを言語的に説明されたり、言語的なはげましがあった	①	②
⑭私は、生理的、情緒的高揚や、その他で気分がこうようすることがあった	①	②
⑮私は、目標に向かって選んでいるという期待がある	①	②
3．日本人の高校・大学生・成人に対して	はい	いいえ
⑯不登校（学校に行けない）や、引きこもりの経験がある	①	②
⑰生きがいがあり、自己実現（やりたいことをできるよう）に努力している	①	②
⑱他人と相互援助（おたがいに、思いやって、たすけあう）経験をした	①	②
⑲いじめを経験した	①	②
⑳自分から他人に働きかけることが、繰り返しできる	①	②
㉑自分から、他人に働きかけることが、くり返しできる	①	②

㉒他人に興味がなく、自分にも興味がない	①	②
㉓友達を、なぐさめたり、助けてあげることがある	①	②
㉔ときどき、心配事があって眠れない	①	②

2）－2．アンケート用紙

＊次の問いについて該当する項目があれば、〇印を付けて下さい。

質問項目	はい	いいえ
1．今、何をしたらよいか、決められない	1	2
2．不登校（学校に行けない）や、引きこもりの経験がある	1	2
3．自分で、何かを達成したり、成功した経験がある	1	2
4．小学生で、同じ年の、仲間たちとグループをつくり、遊んだ	1	2
5．生きがいがあり、自己実現（やりたいことを出来るように）に、努力している	1	2
6．他人と相互援助（お互いに、思いやって、たすけあう）経験をした	1	2
7．いじめを、経験した	1	2
8．自分から、他人に働きかけることが、繰り返しできる	1	2
9．他人に興味がなく、自分にも興味がない	1	2
10．友達を、なぐさめたり、助けてあげることがある	1	2
11．他人の、成功を見たことがある	1	2
12．ときどき、心配事があって眠れない	1	2
13．目標に向かって進んでいることが実感できる	1	2

2．結果

1－1．いじめを経験した者の出生年代推移

いじめを経験した者の最多は1990年（53.8%）で、次いで1991年（48.3%）、1980～1989年（47.5%）、1993年（46.2%）、1970～1979年（43.1%）、1992年（42.4%）、1960～1969年（36.6%）、1932～1959年（29.3%）の順で、最小は1994～2002年（27.3%）であった。

図1－1　いじめを経験した出生年代推移

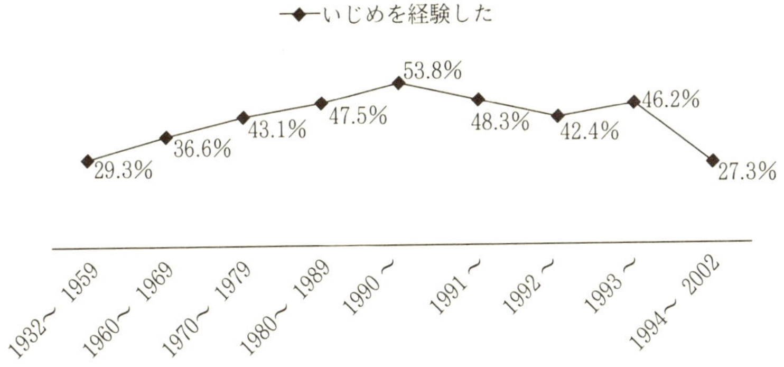

2012 年日本人に対して平塚が調査（出生年別）　n＝802　＊　P＜0.05

1990年代はバブル崩壊をきたし昭和60年代から続いた地価・物価の高騰が暴落して、平成不況のはじまりとなった。なお人口増加率は1%台と低下して、少子化が進行年代であった。

1－2．「いじめの経験のある」者と「不登校や引きこもりの経験」の関係

不登校や引きこもりの経験のある者において、「いじめの経験のある者」は、「いじめの経験のない者」よりも多く、一方、不登校や引きこもりの経験のない者は、「いじめの経験のない者」は「いじめの経験のある者」より

も多かった。

図１－２「いじめの経験のある者」と「不登校や引きこもり」の経験の関係

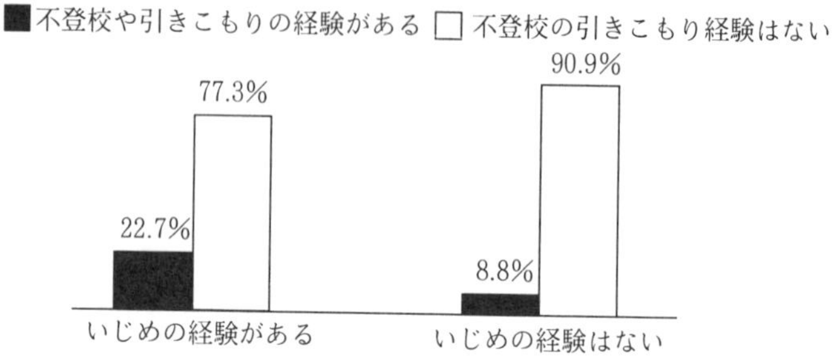

2012 年日本人に対して平塚が調査　N＝784　＊＊P＜0.01

１－３．「いじめの経験のある者」と「心配事があって眠れない」関係

心配事があって眠れない者において、「いじめを経験した」は「いじめを経験しない」よりも多く、一方、心配事がなく眠れる者では、「いじめを経験しない」は「いじめを経験した」よりも多かった。

図１－３「いじめの経験のある者」と「心配事があって眠れない」関係

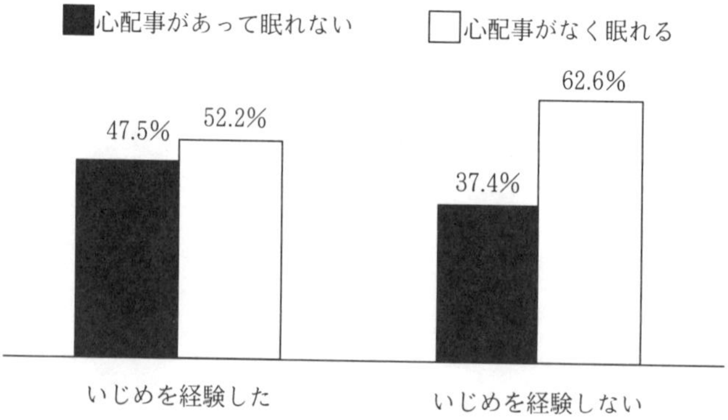

2012 年日本人を対象に平塚が調査　N＝784　＊＊P＜0.01

2－1．日本の「いじめやハラスメントを目撃したら通報する」出生年代

「いじめやハラスメントを目撃したら通報する」ことの出生別において、“良いことだと思うし、よく行っている”者の最多は1950年代生まれであり、次いで1940年代、1960年代、1960年代、1970年代、1980年代の順で最少は1990年代であった。

“良いことだと思うが、行わない”の最多は1990年代で、次いで、1980年代、1960年代、1870年代、1940年代の順で、最少は1950年代であった。 極めてわずかであるが、“良いことだと思わないので行わない”1990年代では10%、80年代6.1%、40年代1.6%、70年代1.2%、50年代1.0%の順であった。

図２－１ 日本のいじめやハラスメントを目撃したら通報する年代行動

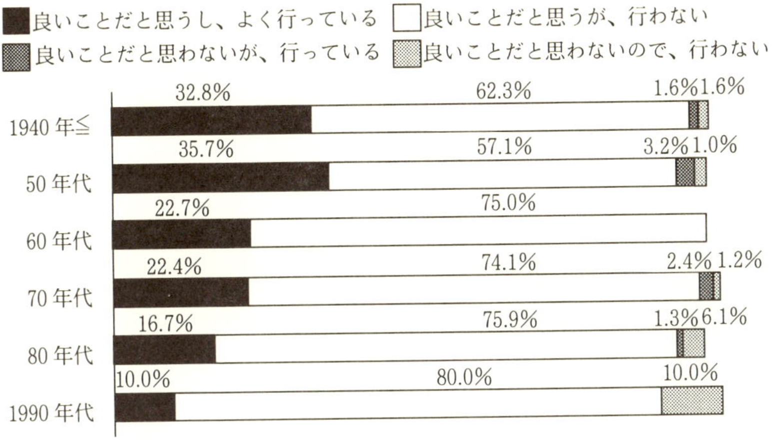

2012年日本一般住民に対し平塚が調査　N＝595　＊＊P＜0.01

2－2．中華人民共和国天津市の中国の「いじめやハラスメントを目撃したら通報する」か、の出生年代別

中華人民共和国天津市の中国の「いじめやハラスメントを目撃したら通報する」か、出生年代において、“良いことだと思うし、よく行っている”者の最多は1970年代75.0％で、次いで1950年代の50.6％、60年代の50.0％、80年代の37.7％、49年以上の36.6％の順で、最少は90年代の29.7％であった。
“良ことだと思うが行わない”の最多は1949年以上の61％で、次いで90年代の59.5％、80年代の50.0％であり、50年代の49.4％、60年代の49.1％の順で、最少は70年代の25.0％であった。
“良いことだと思わないが、行っている”の最多は1990年代の8.1％で、次いで80年代の2.7％、60年代は0.9％とわずかであった。

なお“良いことだと思わないので、行わない”の最多は1980年代で、9.6％で、次いで90年代2.7％、のわずかであった。

図2－2　中国のいじめやハラスメントを目撃したら通報する年代行動

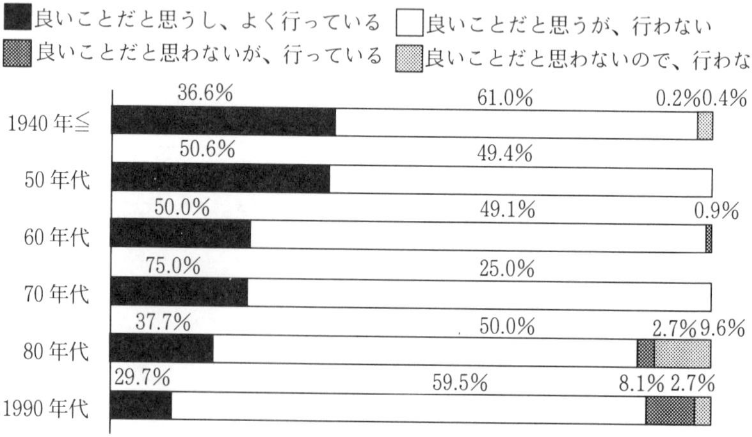

2012年中華人民共和国（天津市）一般住民に対し平塚が調査
N＝595　＊＊P＜0.01

3－1．日本・心配事があって眠れなくなる者のいじめやハラスメントを目撃時の通報行動

“心配事があって眠れない者”の最多は、良いことだと思わない、次いで、良いことだと思うが行わない、いじめやハラスメントを目撃したら通報する順で、最小は、よいことだと思わないので、行わないであった。

“どちらでもない者”の最多は、よいことだと思わないので、行わない、次いで、良いことだと思うが行わない、いじめやハラスメントを目撃したら通報する順で、最小は、よいことだと思わないが、行っている。

“心配なく眠れる者”の最多は、良いことだと思わないが、行っているで、次いで、いじめやハラスメントを目撃したら通報する、良いことだと思うが行わないの順で、最小はよいことだと思わないので、行わないであった。

図3－1　日本・心配事があって眠れなくなる者の
いじめやハラスメントを目撃時の通報行動

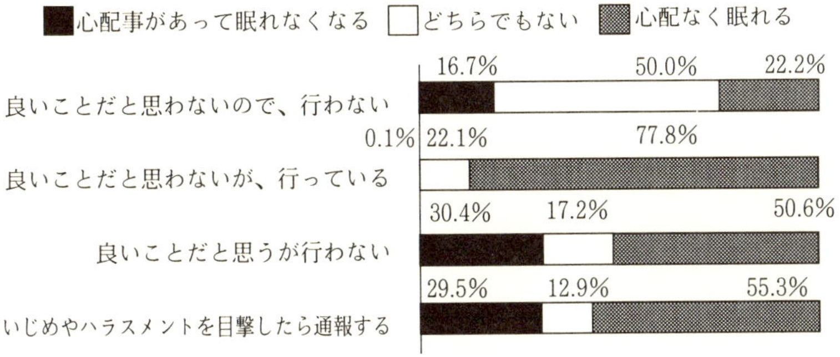

2010年日本の住民に対して平塚が調査　n＝595　＊＊<0.01

3－2．中国・心配事があって眠れない 者と、いじめやハラスメントの目撃時の通報行動

“心配事があって眠れない者”の最多は、良いことだと思わないが、行っている、次いでじめやハラスメントを目撃したら通報する、良いことだと思わないので、行わない、最小は、良いことだと思うが行わないであった。

“どちらでもない者”の最多は、良いことだと思わないが、行っている、次いで、良いことだと思うが、行わない、最小は、いじめやハラスメントを目撃したら通報するであった。

“心配なく眠れる者”の最多は、良いことだと思わないので、行わない、次いで、いじめやハラスメントを目撃したら通報する、良いことだと思うが、行わないの順で、最小は、良いことだと思わないが、行っているであった。

図３－２　中国・心配事があって眠れなくなる者のいじめやハラスメントを目撃時の通報行動

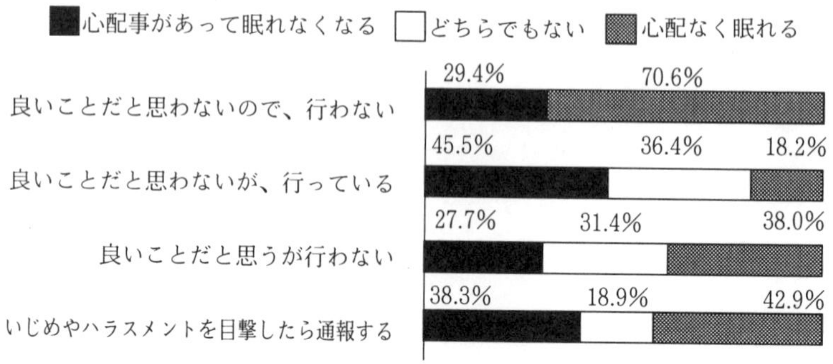

2010年中華人民共和国（天津）の住民に対して平塚が調査
n＝466　＊＊＜0.01

4－1．いじめを体験した者の出生推移の日本の男女の比較

男子のいじめの経験の出生年代1912～1959年29.2％より1960～1969年27.3％と僅かではあるが減少して、1970～1979年46.2％、1980～1989年44.8％と増加し、1990年では最多の50.0に至り、1991年36.7％と減少し、さらに1992年37.9％、1993年48.0％と増加するが、1994～2002年では最小の17.6％と減少を示した。

女子のいじめの経験の出生年代において、1912～1959年30.2％より、1960～1969年40.7％、1970～1979年44.9％、1980～1989年48.9％、1990年60.0％と増加の傾向を示し、1991年57.1％より、1992年46.4％、1993年45.3％、1994～2002年では40.0％と減少傾向を示した。

図4　いじめを体験した者の出生推移の男女比

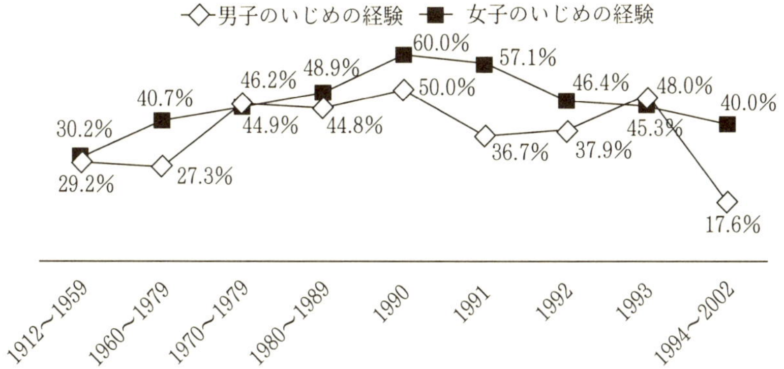

2012年日本の住民に対して平塚が調査した　N＝777

5－1．日本の自分以外の他人が達成成功したりすることを観察出来た者に現れるイジメやハラスメントを目撃した時の行動

日本の自分以外の他人が達成成功したりすることを観察出来た者に現れるイジメやハラスメントを目撃した時の通報することにおいて、①良いことだと思うし、よく行っている行動で、自分以外の他人が達成や成功したりすることを観察出来た者に多く90.2%、②良いことだと思うが、行わないは観察出来たもの者に多く79.3%、③良いことだと思わないが、行わないが、観察できた者に多く100%、④良いことだと思わないので、行わないは観察できた者に多く72.2%であった。

図５－１　日本の自分以外の他人が達成成功したりすることを観察できた者に現れる、いじめやハラスメントを目撃した時の行動

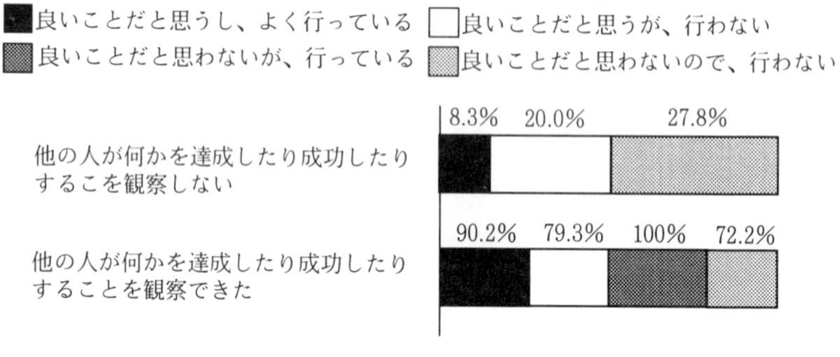

2010年日本の一般住民に対し平塚が調査　N＝596　＊＊P＜0.01

5－2．中国の自分以外の他人が達成成功したりすることを観察出来た者に現れるイジメやハラスメントを目撃した時の行動

中国の自分以外の他人が達成成功したりすることを観察出来た者に現れるイジメやハラスメントを目撃した時の通報することにおいて、①良いことだと思うし、よく行っている行動で、「自分以外の他人が達成や成功したりすることを観察出来た者に多く90.3%、②良いことだと思うが、行わないは観察出来たもの者に多く75.2%、③良いことだと思わないが、行わないが、観察できた者に多く72.7%、④良いことだと思わないので、行わないは観察できた者に多く100%であった。

図5－2　中国の自分以外の他人が達成成功したりすることを観察できた者に現れる、いじめやハラスメントを目撃した時の行動

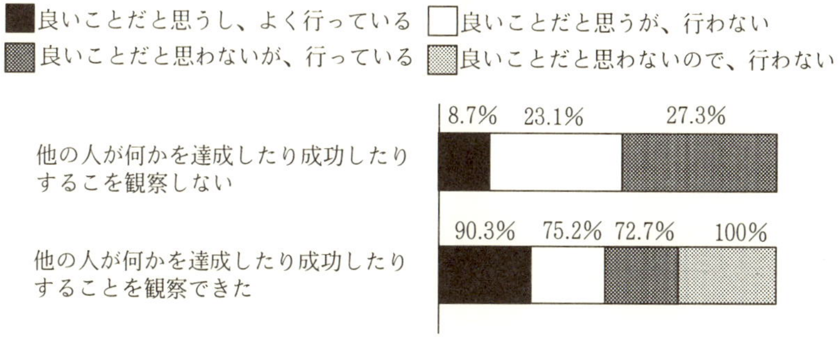

2010年中華人民共和国（天津）住民に対し平塚が調査　N＝467

5－3．日本人・同性の同じ年齢の子どもとグループを作り遊んだものに現れる者に現れるイジメやハラスメントを目撃した時の行動

子どもとグループを作り遊んだものと遊んでいない者との関係において、①イジメやハラスメントを目撃した時に通報を良いことだと思うし、よく行っている者は同年齢の子どもと遊んでいる者に多く84.1%、②良いことだと思うが、行わない者は、子どもとグループを作り遊んだ者に多く82.4%、③良いことだと思わないが、行っている者は子どもとグループを作り遊んだ者に多い88.9%、④良いことだと思わないので、行わない者は、子どもとグループを作り遊んだ者子どもとグループを作り遊んだ者に50%となっていた

図５－３　日本の同性の同年齢の子どもとグループをつくり遊んだ者に現れる、いじめやハラスメントを目撃した時の行動

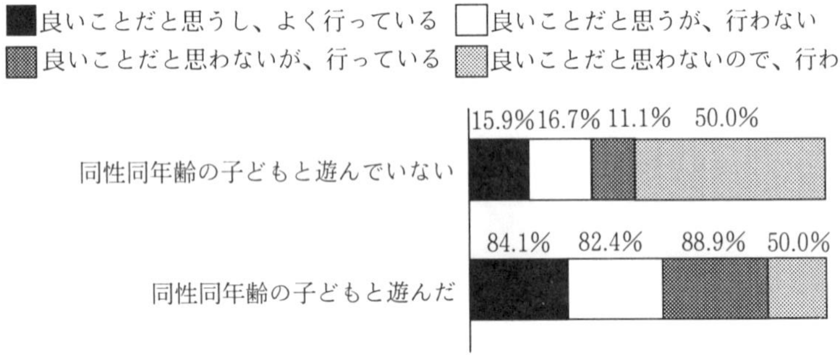

2010年日本の一般住民に対し平塚が調査　N＝596

5－4．中国・同性の同じ年齢の子どもとグループを作り遊んだ者に現れるイジメやハラスメントを目撃した時の行動

子どもとグループを作り遊んだものと遊んでいない者との関係において、①イジメやハラスメントを目撃した時に通報を良いことだと思うし、よく行っている者は同年齢の子どもと遊んでいる者に多く90.8%、②良いことだと思うが、行わない者は、子どもとグループを作り遊んだ者に多く80.2%、③良いことだと思わないが、行っている者は子どもとグループを作り遊んでいない者に多い54.5%、④良いことだと思わないので、行わない者は、子どもとグループを作り遊んだ者88.2%となっていた．

図５－４　中国の同性の同年齢の子どもとグループをつくり遊んだ者に現れる、いじめやハラスメントを目撃した時の行動

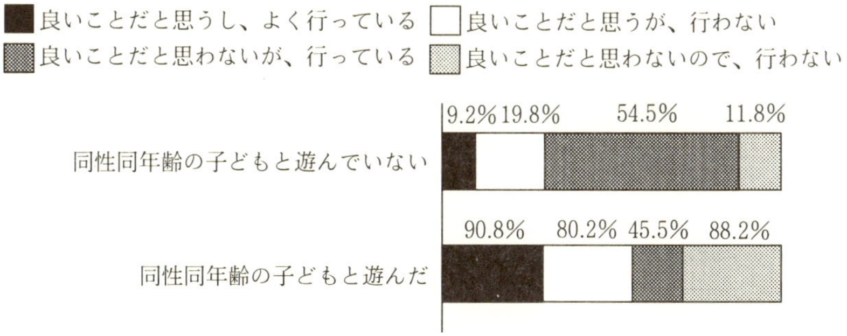

2010年中華人民共和国（天津市）住民に対し平塚が調査
N＝467

3．考察

日本の集団志向型と第二次世界大戦後の発達は、日本は他の国々に比して、特殊な状況にある。第二次世界大戦の敗戦時にアメリカの力によって、「イエ」は壊された。しかし集団志向型社会の「イエ」は壊されたが、日本人がその代理として求めたのが「会社＝カイシャ」である。自分の所属する「カイシャ」の永続を信じることによって、自分のアイデンティティが得られた。日本の経営者は年功序列、終身雇用、新卒採用、企業内教育・福祉等を特徴とする「日本的経営」という、イエ型集団の特性を産業社会に適合させた企業組織を創り出し従業員に強い帰属感を与え、彼らの忠誠心と自発心を引きだすことに成功した。そして、その成果として現在の日本企業の経済的成功があった。日本は経済の発展を成し遂げたものの、経済的には諸外国と対抗する中で、グローバリゼーションの波にさらされて、日本的なものは異質なものとなった。核家族化が進み、高齢化と少子化が進み、少子化になると、乳幼児の時代は、手をかけられたにもかかわらず、小学生や中学生になると周りの、おだてや、励まし、わざわざ「ほめる」という行為、これは明確な実績が伴わないと、称賛や承認が得られなくなる。近年は、そこで彼らは蓄積する不満を解消するために、自分より下の存在を探し求めて、「自分より下」の存在を徹底的に打ち砕くことによって、萎縮した自尊感情を回復させるために、内面にため込んだ自尊感情を取り戻すために、殺傷行為にまで発展することがあると速水は表している[4)]。とりわけ1990年代出生は「いじめ」が最も多く現れており、バブル崩壊をきたした昭和60年代から続いた地価・物価の高騰が暴落して、平成不況のはじまりとなって、人口増加率は１％台と低下して、少子化が進行した。その結果、成長期の子どもの発達に必要な発達を遂げることが困難となる。とりわけ、年上の人に対しての人間関係が築かれると、依存し、充足することによって、満足や信頼関係がうまれる。次に年下の人間関係は自律・セルフコントロールでき、同年との人間関係発達には、仲良くする前に、互いにぶつかり合って、自分の力量を知り、自己や他者認識ができるようになって、自律が出来きて発達する[5)]。しかしながら“不登校や引きこもり経験がある”者や、いじめを経験した者は、“他人に興味がなく、自分にも興味がない”、なお、“心配事があって眠れない”兆候を有する者に有意の差があり、顕著であった。

生じて、人間関係の発達に問題が生じる。このような社会では、家族も人間を育てることが難かしくなってきている。

中華人民共和国では、1959年より61年は３カ年の天災が（人災）あった。

1966年より76年にかけて中国プロレタリア文化大革命期にあたり、北京に紅衛兵運動起こった。中国は長い間、家族第一主義だったが、毛沢東が、家族間の争いをやめさせ、国民のアイデンティティに基礎を置くことを意図して、文化大革命のときに家族内における密告を奨励し、家族の間でさえ、憎しみや恨みを生じさせた。毛沢東が失脚したために、国民の間にアイデンティティ喪失の危機が生じたとされている、結局頼れるのは「お金」だというようになり、現在の中国の経済活動の活力を説明すると表している[6)]。

1949年10月、中華人民共和国の成立時人口は５億4,167万人であった。これによって、生活の安定と改善、医療の向上によって、1969年では人口は８億671万人となった。その後1979年に急増対策として、小数民族は対象外として、改革開放を唱える鄧小平政策によって「一人っ子政策」が導入された。しかしながらその影響を受けた1980年代生まれの若者のことを「八〇後」といわれる若者は、一人っ子として親に甘やかされて育った彼らは、自由気ままで干渉されるのが嫌いで、ヒト付き合いも苦手である。その中国の宅男、宅女はコミュニケーションが下手で家にこもりがちで、そしてネットに依存しがちな人々とされ、彼らは「仕事以外の時間は出来るだけ家で過ごしたい」と考え、誰にも干渉されない空間で自由な時間を楽しむ方がよいというわけである。1978年からの改革開放の影響を受けた“新世代の若者”として注目されている。

本調査において、「いじめやハラスメントを目撃したら通報するか」の問いに対して、「よいことだと思うし、よく通報している」者の最多は、1970

年代の生まれの者に75%と多く、最小は1990年代の生まれの29.7%であった。一方、「良いことだと思うが、行わない」者の最多は1990年生代の生まれの59.5%となり、最小は1970年代の生まれの25%であって、彼ら1979年に始まる「一人っ子政策」の影響を受けた若者は、親の世代とは全く異なる価値観を持ち、消費経済を思うままに謳歌している「新世代の中国人」といわれている。[7)] “いじめやハラスメントを目撃した時の通報行動”と、“心配事があり眠れない”関係において、「良いことだと思わないので、行わない」行動をとる者に「心配なく、よく眠れる」70.6%と極めて高い値であった。一方、「良いことだと思わないが、行っている」行動をとる者に「心配事があって眠れなくなる」45.5%と高い値を示していた。

日本においても、子どもと親は、考え方や価値観の違いによって、日常生活の中で衝突する場面は少なくない、いじめやハラスメントの経験のある者は1990年代の生まれの者に多く、1992年には少子化が進み、1998年キレル子ども達が多くなった年代である。この攻撃性は、最も不愉快な弱いいじめを引き起こす傾向がある。「心の中に憎悪を抱いた人々は、無力な被害者の苦悩を長引かせることを楽しむ」こと、「知られている限り、他者の苦痛を楽しむのは、人間に特有である」。しかしながら、従来の真のガキ大将は、弱い者いじめはしないし、戦う相手は限られていた。それは腕力を武器に理不尽な振る舞いをしている者に対してであった。その勝負は、必ず一対一であった。

人間は、虐待や差別を受ける苦しみを感じているににもかかわらず、一方では解放する方へと回ることがあり、また、一方では苦しみを与える方へと回るという二面性を有していて、攻撃心が復讐心を含むようになると憎悪に転じて、憎悪が弱い者いじめへと駆り立てて、暴力や嫌がらせなどによって一方的に苦しめることになる。攻撃者が憎悪を持つようになるのは、自身に恥辱を受けた過去があり、その恥辱に対して復讐しょうとする欲求があるからであるとされる。[8)] 1996年（平成8年）に文部大臣は緊急」アピールしているように、「深刻ないじめは、どの学校にも、どのクラスにも、どの子どもにも起こりうる」ものであるとしている。

2007年（平成19年）1月19日以降の定義で、従来のいじめの定義では「自分より弱い者に対して一方的・心理的攻撃を継続的に加え、相手が深刻な苦痛を感じているもの」とした。

いじめは、閉鎖的な集団内で特定の個人に対して発生するもので、教師など外部から実態が把握しにくい分、対策は難しくなる。最近の“いじめ”の傾向は、「共存型グループ」いじめが行われていて、“いじめ”られている側が、抜け出せない状況にあるのは、取り巻きの多数が「今日の依存グループ」を形成している。家族、社会や、学校、インターネット上においても、大人も子供も取り込まれて、いじめが発生している。

本研究は、日本と中華人民共和国の少子化の要因によって引き起こされる「いじめやハラスメントを目撃したら通報する」ことは「いじめ」の対策の一つの方法である。

現在社会の背景がアイデンティティ喪失を引き起こして、“いじめやハラスメント”を目撃したら通報する行為は、「いじめ対策」として、苦痛を与える行為から他者を解放する行為であり、「いじめを経験した」者（15.3%）は「いじめを経験しない」者（4.6%）よりも多かった。

いじめが発生する直接の原因は、ストレスをためていたリーダー格の子どもの存在であり、そのストレスの原因は、①常に評価にさらされている。②家族が不安定になり、家庭が子どもの癒しの場になっていない。③ダブルスクール状態や過激なスポーツクラブの通いなど過密な生活環境。④対人関係の未熟さからくる、人に対する共感性の減少。そのようなストレスを強くためている子どもが出てくるのは当然のことで、そのような子どもがリーダーとなっていじめが発生する。しかしながら、いじめられた子が転校しても、いじめっ子のストレスは何も解決されることなく、新たないじめられっ子が探され、いじめは繰り返される。ことがあらわしている[9)]。

いじめは、人格の基本をなす人権の侵害行為である。しかし、仲間同士においては、法律に基づいてその違法性とその責任が判断されることになろう。

他方で、学校でいじめがあるとすれば、学校は児童生徒をいじめから守る責務を有している。これを子どもから見れば、個々の子どもは、身を守る権利、そして「コミュニケーションの相手として真面目に扱われる権利」を有しており、そしてそれが侵害されたならば、学校に保護を求める権利があるということを意味する。そのことを学校は、児童・生徒に徹底して教えるべきである。

いじめの発生は、現代の社会問題であるにも関わらず、隠ぺい体質があり、放置され、いじめによると考えられる自殺死が社会的に注目されている。この現象は学校だけでなく、会社、地域社会、グループ活動などの集団内で引きおこされている。しかしながら、これまでの多くのケースでは学校や教育委員会の生徒指導上の問題にとどまっている。

予防と対策について、ストレス対処は、職場においての、「いじめのコーピング」では、回避スタイル（葛藤を避ける）使用頻度が高いほど、いじめの被害を多く受けている[10)]。

今後の学校や家庭、地域、子育て教育において、狭小な価値観ではなく、多様な価値観をもち、自己実現に向けて努力している者に、いじめの経験は低い傾向がある。

人間の可能性や潜在的能力を最大限に発揮して、自己の成長を図るとともに、社会全体や人に対しても役立っていきたいと思う欲求である。とりわけ日本は物作り立国として専門性が生かせる仕事に就くことや、世界で、職人として仕事を通して生きることが出来る。世の中に貢献することが出来る。これらを実現することが自己実現である。マズローは、「人間は自己実現に向かって絶えず成長する生きものである」としている。人間の欲求を5段階の階層で理論化した。いじめは人間の基本的欲求は提示から問題が生じている。自己実現されている人間との共通性を見ると、人格が統合されているということである。人格は人格全体として分化が行われて、それが統合されていくという両面を持っている。

なお、いじめの発生は、学校だけでなく、会社、地域社会、グループ活動の集団などである。

自己実現できている人は、反対のものや両極のどちらかに偏することなく、両方の統合を容易にしているという。一般に心の健康な人は、誰でもこの世界で行われていることを統合する能力を持っている。日中の比較において異なった現われ方になっていることが判明したいじめとは，暴力による「生命・身体・自由・財産」への侵害を継続することにより，あるいは言葉や仲間はずれによる「名誉」・「精神的自由」への侵害を通して，相手から「コミュニケーションの相手として真面目に扱われる権利」を剥奪し，相手の人格を否定しようとする行為である。すなわちいじめは，二重の人権侵害であり，前者の人権侵害をとおして人格そのものを攻撃するところにその本質がある。

日本においての、いじめ問題の対策は「いじめられっ子対策」となっているが、他の国々では、「いじめっ子対策」になっている。学校や地域、家庭の連携の下での、今後の課題である。

文　献

1）三河さつき、別冊宝島　1670号、2010年日本vs中国、2010年１月
2）梁　過、現代中国「解体」新書、講談社、2011年６月
3）平塚儒子、「社会的脱落層」とストレスサイン、時潮社、:.2007年９月
4）速水敏彦、他人を見下す若者たち、講談社、2006年２月。
5）吉川武彦、精神保健マニュアル、南山堂、2003年、
6）河合隼雄、人間の心と法、有斐閣、2003年９月
7）
8）渋谷昌三、面白いほどよくわかる深層心理平成21年
9）原田正文、小学生の心が見える本―不登校・キレル・いじめ・学級崩壊はなぜ、農山漁村文化協会、2007年３月
10）加藤　司、対人ストレスコーピング、2008年４月

幼児期の子どもの心の発達と絵本
～五感を育むことへの絵本の効用を考える

帝塚山学院大学人間科学部
谷川賀苗

1．はじめに

幼児期の子どもは、取り巻く環境において、主体的な行動を通して、感じる心を育んでゆく。この主体的な感じる心の蓄積は、それ以降の成長において、周りの人や対象との関係性を紡いでゆく過程の基礎となるものであり、生きる力の原動力になると考えられる。

しかしながら、今日の日本社会を幼児期の子どもが育つ環境は、子どもの主体的な感じる心の育みの視点から考えると、子どもたちが、自らの感覚機能を駆使して、五感を育んでいるとは言い難い。その一例として、ゲームというメディアが挙げられる。ゲームを通して過激な刺激が消費文化の中で次々にクリエイトされ、その結果、子どもが自然と直接触れ合う機会が激変している。もうひとつ別の例として、少子化現象を挙げることができる。地域のなかで子どもの数が減少することは、子どもの集団の遊びの貧弱化につながっている。先に挙げたゲーム機と少子化現象により、子どもたちは集団でいるのであるが、個々の子どもがゲーム機をもち、別々にゲームと向き合っているという現象も見られる。このように、子どもを取り巻く今日の日本の社会環境は、子ども主体の、周りの環境との相互作用を通して、五感を育むという視点からはあまり歓迎される状況ではない。

本稿では、このような子どもが五感を育むことが難しい現在の日本社会において、とりわけ幼児期の子どもが五感を育むために、絵本に何が出来るのかを問う。

幼児期の子どもが絵本と出会うことについては、言葉の獲得という視点のみならず、心の育みの視点から絵本の力ということが指摘されている（秋田ら、2009)。絵本には、さまざまな魅力が詰まっているが、特に今回は、絵本が幼児期の幼児期に五感を育み、生きる力を養うという視点から考えたい。まず最初に、幼児期の子どもが絵本と出会うことの大切さについて取り上げ、次に絵本を通して五感を育むことへの取り組み（幼児期の集団活動の中で絵本を通して五感を育む取り組みの事例研究）を紹介し、最後に五感を育む絵本紹介を取り上げる。

2．幼児期の子どもと絵本

絵本は子どもが比較的早い時期から出会う文化財である。文字を読めることを前提にしない乳幼児期の頃から、子どもは絵本の絵を楽しみ、文字としてのお話しを読み聞かせてもらうことを通して心の中に絵本のメッセージをとり入れる。

保育活動と『ことば』という視点から、永野（2008）は、絵本の特徴として次の８点を挙げている；①語彙を豊かにし、言葉で表現する力を育てる②感動する心が育ち、情緒が安定する③想像力を豊かにする④知的な関心を育てたり、満足させたりする⑤経験を再認識することによって知識や理解を深める。⑥絵本の内容を他の活動で表現しようとする意欲を育てる⑦文字に関心を持つ⑧絵本を大切に扱うことを知らせる。

また、子どもの発達と絵本を取り上げた研究の中で、Sulzby（1985）が明らかにした次に述べる点は、絵本の魅力、絵本の力という視点から注目に値する。Sulzbyは、幼児の絵本との関わりについて、能動的と受身的という２つの視点から捉えた。幼児は絵本を誰かに読んでもらうことにより、絵本をたっぷり体験することができる。これは、幼児は絵本のお話しを大人に読んでもらうことにより、その絵本に描かれた絵を味わい、絵本の世界を楽しむことが出来るという受身的な絵本の楽しみ方である。また、これと同時に、子どもは発達するに従って、単に絵本の絵を読む段階から文字として絵本を理解でき、さらに絵本全体に描かれた物語として目の前の絵本について理解を深めることができるようになると、他者に対して読んであげたいという動機づけられた能動的楽しみを絵本に見出す。それまでの、子どもの受け身的絵本の楽しみと同時に、子どもの絵本への能動的関わりについて、Sulzbyは幼児の読み聞かせ場面を取り上げた研究結果から明らかにした。このSulzbyの指摘は、それまで、幼児の絵本活動について、他者からの読み聞かせという受身的側面を取り上げた研究からさらに広げ、子どもの絵本への能動的な関わりを明らかにすることにより、絵本の魅力が多面的であること、子どものみならず、子どもと絵本の時間を共有する大人が絵本を通して出会えることがらの豊かさ示したと言える。

Share books with your baby（赤ちゃんと絵本を一緒に楽しもう。お母さんと赤ちゃんとが絵本で喜びをわかち合う）という1992年イギリス、バーミンガム市で実施されたブックファーストという活動が、日本においても2000年の『子ども読書年』から始まった。この活動の影響もあり、近年、乳幼児期、幼児期に絵本を読むこと、子どもの心を、絵本を通して育むことについて家庭の認識は高まりつつあり、さらにこの家庭の絵本についての関心に合わせて絵本の出版も溢れるほどに豊かである。

3．絵本を通して五感を育むこと
～保育園の菜園活動と絵本の読み聞かせ活動の事例研究

日々、子どもは、保育園という集団において、保育者、友だちとふれあい、と同時に園庭、近隣の地域への散歩などを通して自然とふれあっている。この時期の子どもには、探究心、好奇心が芽生えはじめ、自らが動き回ることで回りから刺激を受け、遊びに展開しながら、周りの環境と関わっている。子どもは、このような自発的な活動を通して、幼い心に感じたことについて、表現したいという気持ちになる。そして、子どもは、これまで自らの中に培われた表現手段・方法を総動員して、自分が感じたことを周りの保育者や友だちに伝え、感じたことに共感を求める経験を蓄積させながら、さまざまな場面で自らが獲得した「感じる心」を内面に刻み、幼い心を耕していく。

幼児期において、子どもが自分の内側にあるなにものを何らかの形で表そうとするとき、必ずそれを受け止めてくれる人の存在が必要となる。とりわけ、この時期の子どもが内面を表す方法として、言葉を用いた表現という方法と、また、年齢が低い、もしくは自らが感じた表現についてうまくそのことを表す言葉を持たなかった場合、表現以前の表出という必ずしも言葉を使用しない（できない）方法で、他者に共感を求める。

子どもが自ら感じたことを、表現あるいは表出のいずれの方法であれ、周りに伝えたいというコミュニケーション能力を豊かにするさまざまな方法の中の１つに絵本との出会いが考えられる。例えば、子どもが具体的に自然と触れ合った活動と関連する絵本を保育者が読み聞かせることにより、子どもは感じたことについて、そのことをいかに表現できるきっかけをみいだす可能性も考えられる。あるいは、必ずしも自らが感じたことを言葉で表現することができなくても、感じることをいかに表出できるかについて、子どもの目線で捉えることも可能であろう。

幼児期の五感の育むことについて、絵本の可能性という視点から、保育園の菜園活動という体験と絵本の活用を考えたフィールド研究を紹介する。そして、このことから、五感を育むことについて絵本を通してできることを考えてみたい。

今回取り上げたフィールド研究は、子どもの感じる心の表現を広げるという視点から、絵本を取り入れたものある。子どもが自然と関わったことから感じたことを自分なりに表現・表出する場合に、絵本も貢献できるのではないかと考えられた。すなわち、日常の体験を子どもが内在化するプロセスにおいて、この体験に寄り添うことのできる絵本を保育者が読み聞かせに用いることにより、子どもは言葉に出会うのではないかと考えた。つまり、集団活動のテーマと関連する絵本の読み聞かせを保育者が積極的に保育時間に取り入れることにより、子どもたちが、絵本の絵、ことばに出会うきっかけに繋がり、それにより、豊かな感性や表現する力を養いうる可能性に注目し、フィールド研究が実施された。

研究対象として協力を得ることが出来た保育園の菜園では、四季を通じて野菜が栽培され、この活動について子どもたちも毎日の保育時間の中で積極的に関われるようにプログラムが考えられていた。とりわけ注目した点は、子どもが自然との関わりを通して、自分の世界を育み、その気持ちを表現する言葉を養ってゆく過程であった。子どもが自分の世界を広げ、深めてゆくとき、そのことを表現する生きた言葉をどのように内在化してゆくかについては、一人一人の子どもについて、発達を観察・記録し、それらを整理・分析することによって少しずつ明らかになっていくと考えられた。

幼児期にいかに言葉の種まきを行うかが、その後の発達にどのように影響するかという視点から研究は注目されつつあるテーマであるが、日々、子どもの発達を見守り、支援する保育者たちは、実践を通してこのことの大切さと、重大さを感じている。子どもを取り巻く社会が、子どもの生きる力に繋がるメッセージを発信しているか疑問を持たざるを得ない状況において、保育現場との連携で「子どもの生きる力を育てる環境づくり」について考え、取り組むことは重要なことだと考えられる

幼児期に続く、児童期、青年期に芽が出始めるさまざまな問題とも少なからず関係していることを今一度認識し、言葉の種まきができる幼児期に、自然とのふれあいを通して、感じる心を養うという視点から研究することが重要である

幼児期の子どもたちを対象とした研究で、今回は、とりわけ自然と関わったことを子どもが言葉を用いて表現すること、表現できることの可能性を絵本というツールを導入することにより考えてみることにした。本研究では、幼児期の絵本との出会いを、言語習得、早期教育という狭い意味での絵本の力を超えて、子どもの発達にさまざまな可能性を提示してくれるツールの1つと捉えた。今回は、園児が食育活動の一環として取り組む夏野菜の栽培に

関連する絵本を保育者が、栽培している野菜の成長に合わせながら意識的に保育現場に読み聞かせを取り入れることにより、このことが子どもの心の育みとどのように関係づけられるのか考えた。子どもは自らが苗植えや種まきから栽培活動にかかわり、毎日水をあげるなどの栽培活動を通して、感じたこと、驚いたこと、感動したこと、発見したがある。絵本は、このような感情の発達について、どのようなことができる可能性をもつのだろうか。絵本を通して、新しい言葉に出会い、言語を習得してゆくのは自明のことであるが、さらに絵本に描かれる絵、語られる物語について味わうこと、登場人物と共鳴したり共感したりすること、絵本を読んで感じたことを身近で世話をしてくれる人に伝えることにより人間関係のつむぎ方を学ぶなど、生きる力を自己の中に蓄積してゆく。表現する言語を発達させてゆくと考えられる。

本研究では、絵本の読み聞かせの効果を言語の習得といった狭義にとらえるのではなく、絵本を通して、そこに描かれる絵、語られるお話を子どもが実際の体験と重なり合わせたときに、どのように子どもの心に内在化するのかという広義の意味での絵本の魅力、子どもの発達への効果、子どもが世界を広げるときのツールとして考える。子どもが自然と触れ合うこと、積極的に自然と向き合う状況において、絵本がどのように子どもの世界の育みと関われるか、貢献できるかという視点を深めてゆきたいと考えた。

〈実施した事例研究の概要〉

①目的

M園が実施する食育プログラム「夏野菜の栽培活動」を観察対象とし、園児たちが園庭の菜園で夏野菜の苗植えをし、苗の生育を見守りお世話活動として水やり、みごとにできた夏野菜を収穫し、自分たちで調理し、いただくという一連の活動とこの活動に関連した「食」絵本を読み聞かせを実施し、子どもたちが体験したことを内在化してゆくか、特に子どもたちの発語・つぶやき、保育者とのやり取りに着眼することから考える。

絵本をツールとしていろいろなプログラムの展開が可能であるが、今回の食育てプログラムの中では、主として「食」絵本を、進行する時間の流れの中で、下記に記録を載せたように夏野菜の栽培活動中に「絵本の読み聞かせ」として実施された。

②フィールドについて

今回のパイロット研究に協力して下った保育園は、平成14年に設立した、大阪市東部の商業地域と住宅地域が混在しているT区にある。日々の保育において、園児たちの行動観察から、姿勢の悪さ、身体の動きがぎこちない、排便の時間が定まらない、食が細いなどという子どもたちの現状が浮かび上がり、生活リズムの核となる、「食」を研究テーマに取り上げ、園から徒歩1分以内で行くことができる場所に畑を作り、子どもたちが菜園活動に関われるプログラムを実施していた。

③きゅうりの栽培と絵本のかかわりについての事例

今回は夏野菜のきゅうりを園庭に設けた畑において育てるというプログラムを考え、このきゅうりの成長を見守りながら、保育者がきゅうりに関連した絵本を読み聞かせることを取り入れた。対象園児は、保育園の年少クラス男女合計24人。用いられた絵本は、『かっぱのかんぺいとおおきなきゅうり(田中友佳子　絵・文、徳間書店)。観察期間は2009年5月から7月であった。

次に、きゅうりの栽培活動のようすと、絵本の読み聞かせプログラムの実施について記す。

〈きゅうりの苗植え〉

5月上旬

年少「かぜ組」のパンダチームとパイナップルチームの子どもたちは、自分たちの出たすぐの園庭で、2009年5月からきゅうりの栽培活動を行った。

〈栽培活動～当番を決めて水やり活動〉

苗植えのあと、きゅうりの苗が太陽の光を受けてぐんぐん成長することができるように、当番を決めて水をやるという栽培活動に関わることができた。

〈絵本の読み聞かせときゅうりの収穫～かっぱのかっぺいと大きなきゅうり〉

6月下旬

このようなお世話活動を通して、自分たちが育てたきゅうりが日々の保育時間の中でみごとに育ってゆく。きゅうりが2本ほど育った日（2009年6月26日）午前中はきゅうりの収穫活動に当てられた。担任のK先生は、きゅうりの収穫活動の前に、これから行う活動の説明、その後すぐ活動に関連する絵本の読み聞かせを行った。

『かっぱのかっぺいとおおきなきゅうり』（田中友佳子　文・絵　徳間書店）では、日照り続きで、食べ物がなくなり、おなかをぺこぺこにすかせたかっぱのかっぺいが主人公として登場。きゅうりが大好物であるかっぱのかっぺいは、ある時、大きなきゅうりを運ぶ不思議なおじいさんを見かける。かっぺいは、そのきゅうりが食べたくて、急いで後を追うことになる。しかし、大好物のきゅうりを運ぶおじいさんの姿をなかなか見つけることができない。かっぺいはきゅうりを追いかけながら、きゅうりに似たいろいろなものに出会うことになる。きゅうりに似たサボテン、きゅうりに似たワニ、そして、きゅうりに似たきょうりゅうのしっぽ。かっぺいは簡単には大好物のきゅうりを運ぶおじいさんを見つけることはできないが、諦めることなく元気を出して、どんどん歩みを進める。「こんどこそぜったいきゅうり」と思い、いきおいよくかぶりついたのは、きゅうりのしっぽ。しっぽに突然かぶりつかれたきょうりゅうは驚き、かぶりつかれたしっぽをひとふり。しっぽの上にいたかっぱのかっぺいは、空高く飛ばされてしまった。このかっぺいが空の上でひっかかったのが太いつる。とにかくこのつるをのぼると、なんとほんもののおおきなおおきなきゅうりが実り、おじいさんがにこにこして立っていた。このおじいさんは天の畑できゅうりをつくっているきゅうりじじいだった。かっぱのかっぺいは、その時ちょうど腰を痛めていたきゅうりじじいにかわって、みごとに成長したきゅうりを斧を使って一本一本切り離した。かっぺいの助けのお陰でこれから1年分の漬物用のきゅうりができたきゅうりじじいは大喜び。きゅうりの収穫を手伝ったかっぺいは、みずみずしいおおきなきゅうりを、おなかいっぱいごちそうになった。

この絵本を担任のＫ先生から読んでもらっている年少クラスの子どもたちの発語やつぶやきは次のようなものであった。実線は、先生もしくはかぜ組クラスの園児の発語やつぶやき、斜体は、絵本の文章として表した。

絵本の読み聞かせた日時：2009年６月26日金曜日10時～年少かぜ組クラス
絵本のタイトル：かっぱのかっぺいとおおきなきゅうり
〈絵本の読み聞かせ風景〉

Ｋ先生：これから先生が絵本を読みます
　　かっぱのかっぺいとおおきなきゅうり
　　あるところにかっぱのこどもがすんでいました
　　なまえをかっぺいといいました
園児：かっぺい　　かっぺい
先生：そう、かっぺい
　　ことしのなつは。。。。。。。。。。。。。。。。。。。思っていると
　　おおきなきゅうりを・・・・・・ありませんか
　　「うわあ、おいしそう！たべたいな！」
　　かっぺいは。。。。。。。。。。。。。。。。。。。。。。しました。
　　しばらく。。。。。。。。。。。。。。。「いただきまーす！」
　　ところが、それは、サボテンでした。
　　かっぺいは。。。。。。。。「こんどこそ、おおきなきゅうりだ！いただきまーす！」
　　ところが、それは　ワニでした。
　　ワニは。。。。。。。。。。。。。。。。。。。。。。。。。。。。。。。。。。。。。。
　　「こんどこそ、ぜったいにおおきなきゅうりだ！」
　　「いただきまーす！」
　　かっぺいは、いきおいよく　かぶりつきました。ところが、それは

（次のページに進む前に子どもたちの次のページに登場するものを当てっこするという発語時間のため、先生はしばらくこのページで止まる）

園児：ワニだよ。へびかな？（次のページに登場するきゅうりに似たものを考える様子）

先生：きょうりゅうでした！

園児：きょうりゅう？えー。こわぁ

先生：*おどろいたきょうりゅうは。。。。。。。 とばされて、*

先生：*ふといつるのようなものにひっかかりました*

園児：これやで（と絵本の絵のきゅうりのつるを指差す）

先生：*「これはいったいなんだろう」*

園児：「きゅうり」（クラス全員が一緒に声を揃え）

先生：*うえのほうをみてみると、つるにはみどりいろのみがなっています*

先生：わかる？

園児：きゅうり

先生：*「もしかしたら、きゅうりかな。よし、とにかく、このつるをのぼってみよう」*

みんな知っているもんな

園児：うん

先生：だって、お水あげてるしな

ちっちゃいのもおっきいのも見たしな

先生：*くものうえに　たどりつくと、そこには。。。。。。。。*

しごとがおわると　おじいさんがいました

「ほんとうにありがとう。おかげでいちねんぶんのきゅうりのつけものがつくれるわい。さあ、すきなだけたべなされ」

園児：（かっぺいがおいしそうに大好物のきゅうりにかぶりつく絵を見ながら）

うまい！

先生：かっぺいはみずみずしいおおきなきゅりを、おなかいっぱいごちそうになりました。
おしまい

先生：みんなのきゅうりとちがっていた

園児：いっしょだった
絵本のきゅうりのほうがちっちゃかった

この日、かぜ組の園児たちは、はじめて『かっぱのかっぺいとおおきなきゅうり』を担任のK先生から読みきかせてもらった。きゅうりが大好物というかっぱのかっぺいは、きゅうりが大好きな園児たちにとって、すぐに受け入れられた絵本の主人公のようで、次のページでは、どのようにお話が展開してゆくのか興味深く絵本を見入っていた。かっぱのかっぺいがきゅうりを求めて旅を進める途中、きゅうりに似たものが次々に登場するページでは、わくわくする気持ちから自然と園児たちの発語が導き出された。自分が考えるものがそのページに果たして描かれるかということはドキドキする、待ち遠しいようだった。きょうりゆうに飛ばされてかっぺいが空の上で何かに引っかかったページでは、園児が菜園で観察したきゅうりの葉っぱが描かれており、すぐそれは発語として表現された。スーパーに並んでいるだけでは想像できないきゅうりの葉っぱ、菜園活動を通して、直接体験から学んだことがしっかり園児のなかに入っていることが伺えた。絵本を読み終えた先生の問いかけにより、絵本に描かれていたみごとなきゅうりと園児たちが園庭で育てたきゅうりの大きさを比較する場面では、誇らしげに自分たちもかっぺいがおいしそうに食べていたきゅうりを育てたということを発語していた。

かっぱのかっぺいとおおきなきゅうりの絵本の読み聞かせが終わると、先生からきゅうりの収穫活動の説明があり、園児たちは自分たちが育て、みごとに実をつけたきゅうりを収穫するために、教室を出て、すぐそばの「かぜ組」きゅうりがなる園庭へ移動した。

先生：こっちがパイナップルグループ、こっちがパンダグループ

きゅうり見えているかな
先生がはさみでぷっちんしていいかな
園児：おおきいきゅうりだね
すごい、すごい
先生：では、切りますよ。5、4、3、2、1　ぷっちん
園児：うわぁすごい、大きいね
先生：さわってみて
園児：やわらかい
おっきいね。とれとれ
先生：何がついている。チクチクするね
さぁ、教室に持って帰ってたべようね

この後、担任の先生と園児たちは教室に戻り、収穫したみごとなきゅうりを、パイナップルチームとパンダチーム、それぞれのテーブルにまず置き、先生の指導の下、水を張ったボールの中で洗い、きゅうりのイボを先生に包丁の裏で取り除いてもらった。そして、まな板の上にきゅうりを置き、先生に適当な大きさに切り分けてもらい、収穫を喜び、感謝して園児たちはきゅうりをおやつに食べる。

④幼児期の子どもの感じる心を育むことと絵本〜自然と関わる体験と絵本

幼児期の子どもの感じる心を育む取り組みとして野菜を育てるプログラムを実施、そして、育てている野菜をテーマにした絵本を表現を広げるという視点から導入した。自然を身近に感じるという視点から、幼児が日ごろ食べている夏野菜を苗から育て、水やりなどと関わることで命を育むという体験をし、そしてみごとに実ったきゅうりを感謝していただくというプログラムの流れの中に、保育者の協力を得て、きゅうりに関連した絵本の読み聞かせプログラムの導入を試みは、感じる心の育みとそのことを表現するという行動とどのように結びついたのであろうか。

幼児たちは、日ごろスーパーでまた、食事として出てくるきゅうりを苗の段階で、自分たちが毎日一定の時間を過ごす保育園の園庭に植え、これからどうなるのかなという不思議に出逢った。担任の先生やクラスのお友達とこれから苗がどのように成長するのかわくわくしながら話をしたことが現場の保育者により保育ノートに記録されていた。そして、苗が成長するためには、太陽の力とお水が大切であるということを担任の先生から教えてもらうと、当番を決め、毎日たっぷりの水をやるという活動にかかわるようになった。夏に向ってまわりがどんどん暑くなり、太陽のエネルギーとお水をたっぷりもらったきゅうりは、みごとな実をつけた。『どうなるのかな』という不思議から関わりがスタートし、苗に毎日欠かさずお水をあげるという役割行動を達成し、キュウリが成長する過程を毎日観察することにより、きゅうりの葉の形や、花の付き方を実際に観察を通して、驚きながら学び、結果として成った見事なきゅうりに感動し、そして、もぎたてをチクチクする部分をお塩でモム体験をし、感謝してきゅうりをおやつに食べた。子どもたちは、このようなきゅうりと命の育みを通して関わることを通して、担任の先生や友達との共感、喜びを共有できることを体験できた。

今回のプログラムについて、全体を通して見ると、幼児にとって自然と関われる環境が身近にあること、そして、夏野菜を植えて水やりを通して育てるという積極的な関わりは、どのようなかたちで子どもたちの中に位置づけられているか、絵本の読み聞かせの風景を観察することからわずかではあるが理解する糸口がつかめた。

園児たちは、日ごろ見ているきゅうりが、苗のときどのようなものか生まれて初めて出会い、これからこの苗がどのようになってゆくのか『わくわくし、今よりも少し先を考える待ち遠しい』感情を抱く。そして、太陽のエネルギーとたっぷりの水を注がれた苗がすくすく成長する過程を見守ることにより、命の育みに感動を覚え、さらにきゅうりの葉が成長するプロセス、どのような花さき、その部分が実になってゆくか、毎日の保育園での生活時間の中で確かめていった。この園児たちがきゅうりについて観察したことは、担任の先生が初めて読んでくれた『かっぱのかっぺいとおおきなきゅうり』の読み聞かせ時間のなかで、言葉として表現されることもあった。担任の先生に、きゅうりについてのお話を読み聞かせをしてもらっている時の様子や絵本のお話とそれに沿った絵を見た時に発せられる言葉、つぶやきの内容から、子どもたちの体験は、絵本の読み聞かせということにより、感じることを表現することを強化したと考えられた。具体的な場面は次のようなところである。例えば、絵本の見開きに描かれたきゅうりの絵から、身近に育てているきゅうりが絵本のなかでどのようなお話になってゆくのだろうと、静かに先生が読んでくれる絵本に耳を傾け、かっぱが登場し、そのかっぱの名前がかっぺいと知ると、愛らしいかっぺいの絵が身近に感じるのか、園児が口々に『かっぺい、かっぺい』と絵本に親密感を抱きはじめた。お話が展開してゆくようすに静かに耳を傾けることで絵本を味わい、後半のページで見事なきゅうりと葉が登場すると、静けさから急にクラスが元気づき、園児たちは自分たちの育てた大切なきゅうりと絵本に描かれたきゅうりを楽しそうに比較し始めた。この段階で、園児たちにとって、きゅうりの葉は、栽培前のように見たこともないものではなく、毎日どんどん花を咲かせてゆく成長を楽しむきゅうりの葉として、内面に認識されまた意味づけられたのではないだろうか。

現在の日本において、子どもを取り巻く社会環境は、子どもの感じる心を育むうえで必ずしも適切ではないが、このような状況においてもできることを考えることが、子どもの成長を見守る大人の責任ではないだろうか。この視点を広げると、自然環境が破壊されつつある中にも、自然は身近に存在する。必ずしも豊かではないが、大人が自然を感じることの大切さを日々の生活の中で意識することが、子どもの自然を感じる心の育みにつながる可能性がある。

広大な畑ではなく、ささやかな空間に身近な野菜を栽培すること、野菜の成長を子どもと大人が共に見つめ、その時間を共有することも、充分、子どもの心を育むことに繋がると思われる。さらに、この感じるという体験を、どのように表現できるかということに繋げる試みとして、絵本という文化財ができることも、今回のフィールドワークから示唆された。

子どもに寄り添う大人が、自然を感じる心を養いたいと思い、その思いを子どもと共有することを楽しみと捉えること、さらにこの楽しみを表現として広げたいと思う好奇心から絵本という文化財を見つめることが大切なのではないだろうか。

4．ことばに出会い、五感を育む
〜絵本との出会いを通して、子どもも心を育む五感を育む

子どもは、絵本との出会いをとして、その絵本に描かれた絵に出会い、また絵に添えられたことばに出会う。このような絵本との出会いをとして、子どもの感じる心が育まれることについて、具体的に絵本を取りあげ、子どもの成長を絵本を通して応援できる可能性を考えてみたい。

〈感じる心を育む絵本〉〜子どもに絵本を読むときに心に止めてほしいことを添えて

絵本の表紙からすでにワクワクする気持ちになる絵本。子どもは絵本を目の前に、心地よい自分に身近に寄り添ってくれる人の声と傍らに居てくれるという安心感と温かさを絵本の時間がとっておきのものになる。

『おおきなかぶ』　作　トルストイ
絵　佐藤忠良
訳　内田莉さ子
出版社　福音館書店

おじいさんがうえたかぶ。「あまいあまいかぶになれ、おおきなおおきなかぶになれ

と歌うようなことば。読むリズムにも音が添えられるようになります。繰り返し繰り返し「あまいあまいかぶになれ、おおきなおおきなかぶになられ」ということばに子どももいっしょにくちづさみ、絵本の登場人物のおじいさん、おばさあさん、いぬと一緒にかぶを抜くのに一生懸命。遂にかぶが抜けるとなんともうれしい、達成感が絵本を読んでいる子どもや親にもしっかり伝わる絵本。

(ひとつ、読むときに心に止めてほしいのは、、、、、)

是非、大人も美味しいかぶが、土の下にできるような気持ちを込めて、「あまいあまいかぶになれ、おおきなおおきなかぶになれ」文字を文字のまま読んでも、リズムをつけてもいずれの時にも、気持ちは美味しいものになるように祈りを添えて。もちろん、かぶの季節には是非本物のかぶを、味わってほしいです。

『おだんごぱん』ロシア民話
絵　脇田和
訳　瀬田貞二
出版社　福音館書店

民謡は昔から語りつがれたものなので、響きがなんとも心地よい。ロシアで古くから伝わるお話。逃げ出したおだんごは、明るくたのしそうに歌を歌いながら、おじいさん、おばあさん、どうぶつたちからのがれてゆきます。

(ひとつ、読むときに心に止めてほしいのは、、、、、)

何かから逃げる気分って？絵本を子ども読んであげる少し前に想像力を働かせてみましょう。おにごっこで、おににつからまらないように一生懸命逃げたこを懐かしく思い出したら、さあ、おだんごぱんを読み始めましょう。

『わたしのワンピース』

作・絵　西巻茅子

出版社　こぐま社

うさぎが作るワンピース、お花もよう、草の実のもよう、小鳥もよう、ラ ラ ラ ン ロ ロ ロ ン、歌うような言葉が添えられています。次のワンピースを楽しみに、ワクワクしながらページがめくられてゆきます。

（ひとつ、読むときに心に止めてほしいのは、、、、、）

ワンピースの模様を自分で好きなように描けたらどんなものを選ぶだろう？画家になった気分で心のキャンバスに描いてみてください。あなたのお気に入りを。きっと絵本を通して、ワンピースのもようについて幼子は想いを巡らせていることでしょう。貴方の描いたワンピースのもようを語り、幼子の描いたワンピースのもようのお話に耳を傾け、是非画用紙いっぱいに『わたしのワンピース』を幼子といっしょに描く時間を楽しんでください。

『ぐりとぐら』

作　中川季枝子

絵　大村百合子

出版社　福音館書店

のねずみのぐりとぐらは、この世で一番好きなのは、お料理すること食べること。森で見つけたおおきなたまごを使ってそれはそれはおいしそうなカステラを作ります。出来上がったカステラを森のともだちといっしょに食べて楽しい時間を過ごします。

（ひとつ、読むときに心に止めてほしいのは、、、、、）

おいしいものを誰かと一緒に味わうということ、『私ならだれと何をいっしょに食べたいかな』と自分に問いかけてページをめくってみてはいかがでしょう。おいしいものを味わうという感覚は、一人よりも二人、二人よりも気持ちが通じるたくさんの人とおしゃべりをしたりしながら味わうことで、美味しさが増すような気がしませんか。絵本の後のお昼ごはんは夕ごはんは、家族で一緒に食べる何気ないことが少し心に特別に映るかも知れまん。

『ちいさなうさこちゃん』

作・絵　ディック・ブルーナ
訳　石井桃子
出版社　福音館書店

ちいさなうさこちゃんが、ふわふわさんとふわふわさんのおくさんの家で生まれました。今にも本の中から真っ白なうさこちゃんがこちらへ飛び出てきそうなクリアな美し絵。そこに初めて出会う日本語にふさわしい言葉がそ添えられています。

（ひとつ、読むときに心に止めてほしいのは、、、、、）

子どもはきっとページにクリアに描かれた、こちらを正面から見ているうさこちゃんに今にも話しかけそうな、こんな感じが伝わったらどんどんうさこちゃんにお話ししてあげましょう。目と目を合わせること、出会いの基本、触れ合うことの楽しさを子どもが初めて出会う本から味わってみましょう。

『てぶくろ』

ウクライナ民話
絵　エウゲーニー・M．ラチョフ
訳　うちだ　りさこ
出版社　福音館書店

そろそろの雪が降り始め、長い冬の訪れを告げる森で、おとしもののてぶくろのなかに寒さを凌ぐためどうぶつたちがもぐりこみます。耳に心地よい同じ言葉が繰り返され、子どもも絵本を読んでいる大人も冬の森に入り込んでしまいます。

（ひとつ、読むときに心に止めてほしいのは、、、、、）

このお話も、ウクライナ地方で語られていたお話。シーンとした冬の森。冷たい雪の冷たさ、あたたかい手袋の中に入った時の心地よさ。絵本にちりばめられた森の絵は寒さを深く伝えてくれそうな配色。いつの季節にこの絵本を読んでも、ページいっぱいに描かれた絵から、重い冬の寒さとてぶくろにもぐりこむ心地よさを感じてください。読み手の大人の感じたことは絵本の語りにきっと織り込まれてゆきます。

『はなをくんくん』

作　ルース　クラウス
絵　マーク　シーモント
訳　きじま　はじめ
出版社　福音館書店

長い長い森の冬から春に季節が移り始めること、森の動物たちは次々に眠りから覚め、春をさがしに出かけます。どこにどこに春が来ているか、はなをくんくんさせながら。目覚め、芽生え、生命の息遣いはいろいろなところで始っている様子がモノトーンの絵からずっしりと力強く語られています。春の訪れを待つことが一層楽しみになります。

（ひとつ、読むときに心に止めてほしいのは、、、、、）

いい香りを探すとき、はなをくんくん。春の香り、四季の香りってどのようなものでしょう。芽吹きの春は目からも味わうことが出来ますが、感じることをもう少し広げたくなるような、くんくんしたあとの感じを絵本を一緒に味わう子どもと語れたら素敵ですね。

『はらぺこあおむし』

作・絵　エリック・カール

訳　もり　ひさし

出版社　福音館書店

ちいさなあおむしはいつもおなかぺこぺこ。月曜日から毎日たくさんのたべものを食べて、大きなみごとなチョウチョになりました。ペロペロキャンディ、リンゴ、ケーキ、ちーず、アイスクリーム。次のページに描かれている美味しいものは何かなとページがどんどん進みます。エリック・カール氏の大胆な色遣いも見て感じること味わうことを力強く読み手に伝えてくれます。

（ひとつ、読むときに心に止めてほしいのは、、、、、）

『おふろだいすき』

作　松岡享子

絵　林　明子

出版社　福音館書店

お風呂の中に、カメやペンギンやオットセイがいたら楽しいだろうなという空想の世界をしっかり見せてくれる絵本。ぼくとあひるのプッカがお風呂に入るとどうぶつがつぎつぎに浴槽にあらわれます。お風呂に入ることがワクワクする絵本。

（ひとつ、読むときに心に止めてほしいのは、、、、、）

お風呂であったまることの気持ちよさ。それにもっと楽しいことが始まればという空想の世界に誘われる絵本です。お風呂に入る前、そして後にお風呂で会いたいいきものを子どもに聞いてみたくなりますね。そして、大人も語ってみたくありますね。

『あーんあん』

作・絵　せなけいこ

出版社　福音館書店

あかちゃんの重要なコミュニケーション手段は「泣くこと」です。原始的なこのコミュニケーションに心から答えてあげることから絆を育んでください。

（ひとつ、読むときに心に止めてほしいのは、、、、、）

一人ひとりに個性が備わっていること、これは「泣くこと」にも当てはまります。耳を澄ませて心で「泣くこと」を受け止めながら、絵本を味わってください。

『てん　てん　てん』

作・絵　わかやましずこ

出版社　福音館書店

てん、てん、てん、てんとうむし。ぐる、ぐる、ぐる、かたつむり。音の不思議、言葉の不思議がじっくりあじわえる赤ちゃんが初めて出会う絵本。そして、いつまでも、くりかえし子どもから読んで欲しいとリクエストされる絵本です。言葉っていいなという想いが心にすっと入ってきます。

（ひとつ、読むときに心に止めてほしいのは、、、、、）

ことばを遊ぶ、ことばを楽しむ。読んでもらう子どもは絵を味わい、音を味わい言葉を学んでゆくことでしょう。もう一回という子どもからのリクエストが何度続いてもそれに是非寄り添ってあげてください。

『ぎゅ』

作・絵　ジェズ・オールバラ

出版社　徳間書店

抱きしめてもらうこと、感じることをそのまま言葉に。『ぎゅ』を体感し、それに言葉が添えられること。体験と言葉が織りなす本当の意味で、心でわかることをサルのジョジョくんのお散歩のひとときを通して確認できる絵本です。

（ひとつ、読むときに心に止めてほしいのは、、、、、）

子どもが平安な時間を過ごすことが出来ること、これが子ども時代の一番大切なこと。不安なときはもちろん、普段の子どもに寄り添う大人は『ぎゅ』を是非コミュニケーションの言葉として心に止めそして、子どもとこのコミュニケーションを楽しんでください。

『いたずらきかんしゃちゅうちゅう』

作・絵　バージニア・バートン

訳　むらおか　はなこ

出版社　福音館書店

いたずら機関車ちゅうちゅうの冒険が始まります。自分のこころのままにどんどん進むちゅうちゅう。耳をすませると、ほら、ちゅうちゅうが元気よくレールの上と走っているようです。遠くから聞こえる機関車の音、今どのあたりにいるのかな、比較的ページが続く絵本も、ワクワクする心にはぴったり。もう一回のリクエストにも元気よく応じてあげて下さい。

（ひとつ、読むときに心に止めてほしいのは、、、、、）

乗り物に乗った経験の有無は全く関係ないくらい、ちゅうちゅうといういたずら機関車のお話は読み手を楽しませてくれます。線路は続き、ちゅうちゅうはどこまでも。。。というお話の展開をゆったりお話ししてあげて下さい。

是非、ちゅうちゅうが休憩できる場所も見つけてあげてください。

『くつくつあるけ』

作　林明子

出版社　福音館書店

白い小さな靴が主人公。「ぱた　ぱた」「とん　とん」「ぴょん　ぴょん」靴の音が耳に心地よく響きます。歩くことが楽しいなを感じさせてくれる一冊です。

（ひとつ、読むときに心に止めてほしいのは、、、、、）

歩くのにしばらく時間がかかる子ども。もうすぐ歩きはじめるこども。そして、歩くことが出来るようになった子ども。どの時期の子どもにもこの靴の素敵な音が心に届く、足に届くように読んであげてください。

『からすのパンやさん』

作　かこさとし

出版社　偕成社

カラスのパンやさんは、生まれた４羽のあかちゃんのお世話に大忙し。パンやさんのお仕事がなかなかできません。お客さんが減ってしまいますが、育った4羽のカラスの子どもが素敵なアイデア。いろいろなパンが生まれます。絵に描かれたパンは、もちろんお腹にも魅力的。どれにしょうか、絵本を読みながら悩みましょう。

（ひとつ、読むときに心に止めてほしいのは、、、、、）

身近なパンをめぐって、絵本のページをめくるよりもお話しに花が咲くことでしょう。それもありかなという気持ちで絵本とお話しを味わってみてください。

『かさ』

作　松野正子

絵　原田　治

出版社　福音館書店

いろいろな傘が登場。色、柄、このような傘が自分の傘だったらいいのになという想いが大人にも子どもにも広がります。どんなお天気でも子どもはお外が大好き。雨の音も楽しみたいですね。

（ひとつ、読むときに心に止めてほしいのは、、、、、）

雨降りだからこそ、外で楽しめることって何でしょう。四季の雨は、それぞれに音をもっていることをページを開く前にそっと考え見ることお勧めします。

『かぜはどこへいくの』

作　シャーロット＝ゾロトウ

絵　ハワード・ノッツ

訳　まつおかきょうこ

出版社　偕成社

子どもは不思議を心にもっています。この絵本に登場する小さな男の子にも不思議なことがいっぱい。おかあさんといっしょにこの『不思議』を温めてゆきます。

（ひとつ、読むときに心に止めてほしいのは、、、、、）

不思議は大人にとっても、子どもにとっても「不思議なこと」です。一緒にこの「不思議」について思いめぐらす時間を味わうことにしましょう。

『そらいろのたね』

文　なかがわりえこ

絵　おおむらゆりこ

出版社　福音館書店

野はらで、もけいひこうきを飛ばして遊ぶゆうじ。ゆうじは、たからもののもけいひこうきを、きつねのたからもののそらいろのたねと交換します。そらいろのたねから､」そらいろの家がすくすく大きくなりました。そして､､

（ひとつ、読むときに心に止めてほしいのは､､､､､）

ありえないような、でももしかしたらありえるような。本当にそらのいえがすくすく大きくなる家があったらいいなぁと祈りたくような夢のお話。是非ゆっくり育てること、待つことの楽しさに心寄せるひとときを。

『木いちごつみに～子どものための詩と絵の本』

詩　きしだえりこ

絵　やまわきゆりこ

出版社　福音館書店

『シーソーにのったら　シーソーにのったら　うかんだまま　くもになってくみたい』気持ちをあらわすことの不思議、楽しさにであえる詩に絵が添えられている絵の本です。

（ひとつ、読むときに心に止めてほしいのは､､､､､）

絵本を子どもに読んであげるあなたがあるページでしばらく心を休みたくなったら、そのページをゆっくり味わいたくなったら、そして聴いている子どもの表情からそのページで止まっていいと感じたら、流れるままにそのような時間を味わってください。

『まほうのえのぐ』

作　林明子

たくさんの色の絵具が入ったおにいちゃんの絵具ばこが羨ましくてしかたがないよしみちゃん。大切なおにいちゃんの絵具を森のどうぶつたちが使い始めてしまいます。からす、りす、しゃくとりむし、おさる、うさぎやすずめまで。よしみちゃんは森のどうぶつたちとしばらくの間楽しいお絵描きの時間を過ごしました。そして、出来た作品を見たお兄ちゃんは『うわあ、すごい！ほんもののまほうの絵具だ』と一言。

（ひとつ、読むときに心に止めてほしいのは、、、、、）

たくさんの色の絵具。目の前に楽しい時間が広がります。表現することは、言葉であっても、言葉でなくても、自然に表わすことことが素敵だなぁと思ったらパレットに色を広げてみて下さい。

『ジンベルトとかぜ』

作　マリー・ホール・エッツ

訳　たなべ　いすず

出版社　冨山房

ジンベルトはかぜといろいろなおはなしを楽しむ時間を過ごします。ジンベルトにいつも寄り添ってくれているかぜ。ジンベルトの感じることをすべて受け止め、理解してくれるようです。

（ひとつ、読むときに心に止めてほしいのは、、、、、）

子どもが一人になる時間が大切だと教えてくれる絵本です。人間の温かさと同じくらい自然に包まれる温かさを子ども自身が味わえる時間を見守りたいですね。

『きょだいな　きょだいな』

作　長谷川摂子

絵　降矢　なな

「あったとさ　あったとさ　ひろい　のっぱら　どまんなか　きょだいな　ピアノがあったとさ」という始まりのページで舞台が幕開け。そこに子どもた100人登場、おにごっこ。「あったとさ　あったとさ　ひろい　のっぱら　どまんなか　きょだいな　せっけんあったとさ」が続くページ。お部屋のなかに広い、広いのっぱらが表れます。絵本と気持ちを合わせることが出来る時間です。

（ひとつ、読むときに心に止めてほしいのは、、、、、）

ひろい場所を心に広げることで、どこにいても魔法の時間になれますね。読み手のあなたも聴いている子どもも、「あったとさ　あったとさ、……」を思わず口ずさんでしまうはず。

『春　はる』

作　五味太郎

出版社　絵本館

まどの外は春です。いろいろなけしきがまどを通して広がります。まどがあれば、外が見える。当たり前の風景をあえて「見る」と、心のまどにも響く絵本です。

（ひとつ、読むときに心に止めてほしいのは、、、、、）

ふだんの生活、当たり前の景色がなにかこの本を読んだ後、当たり前ではなくなるようです。春のまど、夏のまど、秋のまど、冬のまどにわくわくできる時間がきっと目の前に広がります。

『いいきもち』

作　ひぐち　みちこ

出版社　　こぐま社

たねがひとつぶおちました、ではじまるおはなし。こどもの目線は自然をぐっと身近なものにしてくれます。いいきもちを感じることは特別ではないことを教えてくれる絵本です。

（ひとつ、読むときに心に止めてほしいのは、、、、、）

ふと周りを見渡すと、たなはみじかに存在します。そのたねが土に包まれていい気持ちになっている、この表現は日々のなかの温かさをやさしく伝えてくれるようです。

『おひさま　あはは』

作　前川　かずお

出版社　こぐま社

おひさまが　あはは　と　漫然の笑みを浮かべています。おそらを見上げるときっとそんな感じ。おおきなそらを感じることが出来る絵本です。そして、おひさまから教えてもらった大切なこと、あはは　が、絵本を読んでいるあなたにも、耳を傾ける子どもにもしっかり受け止められます。

（ひとつ、読むときに心に止めてほしいのは、、、、、）

表紙がおひさまをしっかり伝えてくれる黄色。本当は太陽は黄色ではないかもしれません。でも、おひさまを黄色としてイメージできることもありえるでしょう、そんなふうに自然に受け止めることが出来ることを味わって下さい。

『くじらのだいすけ』

作　天野雄吉

絵　梶山俊夫

出版社　福音館書店

むかし、まだくじらがまだ山にいた頃のお話。だいすけという　おおきなくじらのせなかは森の動物たちにとって絶好のすべりだい。だいすけのまわりでかくれんぼをして遊んだりもします。やまでくじらが暮すには少し狭すぎるので、だいすけはなかよしの動物たちとは離れるけれど海でのびのびと暮そうと思うようになりました。森の動物たちも山と海はすこし離れるけれど、いつまでも友だちであることを確認しあいます。

（ひとつ、読むときに心に止めてほしいのは、、、、、）

おおきなおおきなくじらの背中で滑り台、ゆったりとして、何とも言えない心地よさが伝わってくるようです。生き物はみんな自分にあった居場所があることを、子どもにとってはそれが家庭であることを読み手のあなたが確認しながら。

『おひさまのたまご』

作　エルサ・ベスコフ

訳　石井登志子

出版社　徳間書店

もりにすむようせいが、「おひさまのたまご」を見つけました。まるくて、おおきくて、だいだいいろ。ようせいも森のともだちもこの「おひさまのたまご」から採れるジュースが大好物。しかし、いやしんぼうのカラスがこの「おひさまのたまご」を横取りしてしまいます。悲しむようせいですが、季節がめぐりあきになるとおひさまのたまごがたくさんなるところに出かけることができました。実はこれはオレンジだったのです。

（ひとつ、読むときに心に止めてほしいのは、、、、、）

食べものは色や形からいろいろものに名前をつけることが出来ます。おひさまのようにまるくて、おおきくて、だいだい色のものは、太陽のたまごと呼ばれるようになりました。観るという感覚からそんな名前が浮かぶか、すこしこの角度から周りを見渡してみましょう。

『ゆきのひのおくりもの』

作　ポール・フランソワ

絵　ゲルダ・ミューラー

訳　ふしみ　みさを

出版社　パロル舎

森に雪がしんしんと降っているころのお話。おなかをすかしたこうさぎが寒さに震えながら外に食べ物を探しに出かけます。雪にうもれた２本のにんじん、カリッ、カリッ、カリッとこうさぎは１本食べました。そして、もう１本をもりのともだち、こうまのうちへ届けました。こうまはだれかが留守の間においていってくれたこのにんじんをヒツジのうちにどとけます。つぎからつぎへ、ともだちを思う気持ちがにんじんといっしょに届けられてゆくお話し。

（ひとつ、読むときに心に止めてほしいのは、、、、、）

雪が降りつもる森。食べ物を探すことは簡単なことではありません。森のどうぶつが友だちを想いながら、たいせつな食べ物を友だちの家に届ける気持ちを想いながら読んでみたいですね。

『にんじんばたけのパピプペポ』

作　かこさとし

出版社　偕成社

あれたはらっぱのはじに、きたないこやがあり、そこにはおやぶたと20ぴきのこぶたが住んでいました。はたけから掘りたてのにんじんのおいしさを知ったこぶたたちは、畑を耕しにんじんを育てることに一生懸命。畑でにんじんを育てることからさらに、にんじんいろのレンガを焼いて、街にどんどん素敵な建物も作りました。

（ひとつ、読むときに心に止めてほしいのは、、、、、）

身近なやさい、にんじん。土から掘り出した時のにんじん、この体験にこれまでめぐまれても、そうでなくても、どんなにおい？　どんな肌さわり？　どんなあじ？是非これらのことを思いめぐらせながら味わってください。

『つきよのぼうけん』

文　エインゲルダ・アーディゾーニ

絵　エドワード・アーディゾーニ

訳　なかがわ　ちひろ

暗い戸棚のなかに置かれているぬいぐるみのくま、おにんぎょうが知恵を働かせて戸棚の外に脱出。クリスマスの夜におんなのこに拾われ、あたらしいおうちを見つけることができました。

（ひとつ、読むときに心に止めてほしいのは、、、、、）

くらい戸棚におきっぱなしにされたおもちゃ。夜、暗い、闇、子どもがすこし戸惑う感じが見えたら、「だいじょうぶだよ」と声かけを是非。

『ふるやのもり』

再話　瀬田貞二
画　　田島征三
出版社　福音館書店

むかし、むかしのおはなし。おじいさんとおばあさんがりっぱなこうまを育てていました。そのこうまをどろぼうとおおかみが狙っていました。しかし、おじいさんとおばあさんにとって、どろぼやおおかみよりも怖いものがあると言いました。

（ひとつ、読むときに心に止めてほしいのは、、、、、）

絵本全体がむかしばなしを伝えるようなややトーンを落とした色づかい。昔からずっと語られてきたこと、絵を見いる子どもに是非、あなたも語るような感じで読んであげて下さい。

『にぎやかな音楽バス』

文　レンナート・ヘルシング
絵　スティグ・リンドベリ
訳　いしい　としこ
出版社　プチグラパブリッシング

世界一大きくて、赤い音楽バス。お父さんとお母さん、そして双子のこどもが20人乗っています。みんなで心を合わせて演奏した曲を街の人たちに披露します。人々は美しい音色に耳を傾けます。

（ひとつ、読むときに心に止めてほしいのは、、、、、）

家族みんなで心を合わせて奏でる曲の美しさにしばらく心の耳を澄ませてください。

『ぎっこん　ばったん』
文　なかえよしを
絵　上野紀子
出版社　文化出版局

ぎっこん　ばったん　とりさんがとまると、ぎー。そこにねずみさんがきて、ばーこ。そのあとにつづくのは、うさぎ、いぬ、ぶた。みんなそろって楽しい時間。

（ひとつ、読むときに心に止めてほしいのは、、、、、）

耳を澄ませると、楽しそうなわらい声とともに、ぎっこん、ばったんの音が聞こえそうですね。お散歩の時間にシーソーを見つけたら、この絵本のようにぎっこん、ばったんを楽しんでください。雨の日、お外には行けないときなどに是非。みんなで声を合わせてぎっこん、ばったん。

5．終わりに

子どもの成長が五感を通して育まれることが難しい現代社会において、絵本ができる取り組みについて、事例研究および絵本のたのしみかたという視点から考えてみた。絵本という文化財は、子どもだけの楽しみだけではなく、子どもに寄り添う大人にも楽しみが広がる魅力的なものである。子どもと大人が絵本の時間をたっぷり味わうこと、声に出して、体で感じて、心をふれあうことが、子どもと大人の関係性を深める、絆をより強めることになる。感じることが日々の生活の中で失われつつある環境をであるからゆえ、子どもの育ちを見守る大人が心して『感じること』に意識を向けることがたいせつなのではないだろうか。

引用文献

秋田喜代美、増田時枝（2009）『絵本で子育て――子どもの育ちを見つめる心理学――』、岩崎書店

永野泉（2008）「第 6 章　児童文化財を通しての援助と関わりⅡ　絵本 in 子どもと言葉」、萌林書林

Sulzby, E. (1985) Children's emergent reading of favorite storybooks: A developmental study, Reading Research Quarterly, 20., Pp.458-481,

田中友佳子（2006）『かっぱのかっぺいとおおきなきゅうり』、徳間書店

一部は、「自然との関わりを通して感じる心を育てるー子ども取り巻く絵本環境からの一考察一』帝塚山学院大学、人間科学部研究年報　第11号　pp57－68として発表

不登校の子どもをもつ親の会活動の意義

浅野とも子

はじめに

文部省（当時）は、1992年に、従来の個人的要因としていた認識を転換して、「不登校はどの子にもおこりうる」として以来、多くの不登校対策を講じてきたが、2001年まで不登校の児童生徒は増加しつづけた。その後、微増減があるとはいえ、2011年度、不登校を理由に長期欠席した児童生徒は11万7,458人にのぼる。不登校が過去最多であった2001年度（13万8,722人）と比べると、この10年間で２万人以上減少したことになるが、児童生徒数がこの10年でおよそ95万人減少していることをみると、決して不登校が減少したとは言えない。

現に、全児童生徒に占める不登校の割合（不登校率）をみると、2001年度には小学生0.36％、中学生2.85％だったのに対し、2011年度は小学生0.33％、中学生2.65％と、大きな差はなく、依然として不登校は高止まりを続けている。学校復帰のみを目標とした対症療法に重点をおいた、文部科学省の不登校対策は奏功しているとは言いがたいのである。

筆者は病弱養護学校の病院内分教室に勤務した８年の間に、何人かの不登校の子どもたちと出会った。彼らは入院期間の長短はあれ、少人数対応の分教室を居場所として、身体症状を改善して退院、ほとんどが地域の学校に戻っていった。しかし、退院後、スムースに地域校に通える場合はよいとして、再び行き渋りや不登校となる場合、24時間家にいる子どもに対応する親たちへのサポートはいったい誰がどのようにするのか、教員生活の間、疑問が残っていた。

子どもが不登校になったとき、原因は何であれ、その後の家庭の対応が何よりも重要であることは、多くの専門家が述べていることである。心が傷ついて、家にいる子どもを支えることができるのは、唯一、子どもの一番身近にいる親であり、特に不登校初期の子どもへの家庭の対応は、その後の経過を左右することもあるほどである。したがって、不登校の子どもを支える親を支援することが非常に重要となってくる。

子どもが学校へ行くことを当然のこととしていた親たちは、わが子の不登校を知ったとき、「どうしてわが子が」と驚き、「何があったのか」と質し、何とかして登校させようとあらゆる手を尽くして、結局子どもを追いつめてしまうことが多い。また、わが子の将来がすべて閉ざされてしまったかのような絶望感を覚え、「自分の子育てが間違いであった」と自分を責める。子どもも学校へ行けないことに罪悪感を感じ、自己否定のなかで、時には不眠症などの神経症状が現れたり、家庭内暴力や自室へのひきこもりとなったり、悲惨な事件や自殺にまで追い込まれたりすることもある。こじれると、将来の社会的ひきこもりにまでつながることにもなり、親も子どもも悪循環に陥るのである。

そのような不登校の子どもをもつ親たちを支える機関としては、児童相談所・公や民間の教育相談所・適応指導教室（教育支援センター）・スクールカウンセラー・心療内科等の医療機関など、多くの仕組みがこの十数年の間に目覚しく充実してきた。しかし、それらの機関・専門家はいずれもあくまで不登校の子どもに対応するための親支援であって、子ども中心であり、親そのものを対象とした支援ではなかった。支援の対象が子どもではなく、親そのもので、しかも、子どもの不登校に動揺し、その対応に困惑した親たちをありのままに、対等に受け入れるのは、現在のところ、不登校の子どもをもつ親たちが立ち上げた親の会しかない。筆者は、親たちを支援するものとして、実際に体験した者にしか分からない親たちの気持ちを実感で受け止めることができると考えられる親の会に注目した。

親たちは親の会によってどのように支えられるのか、つまり親の会活動から親たちは何を獲得するのか、それによって子どもたちに影響があるのか、あるとすればどのような影響なのかを具体的に明らかにすることで、親の会活動の意義を明確にしたい。

今、親の会活動の意義を明確にすることで、現在まだあまり成果がみえていない不登校対策の一つの方向を探りたいと考えている。

なお本論において、不登校の「児童生徒」「子ども」とは、「小学生・中学生」を指すものとする。文部科学省は2005年５月より、高等学校においても不登校の調査を開始したが、それ以前はデータがないことによる。

１．不登校の親の会活動

１－１）　始まりの経緯

一口に不登校の親の会といってもさまざまな経緯があり、精神科医や児童相談所（以下、児相）のワーカー等の専門家が呼びかけて主催するものがある。たとえば、早くは、次に述べる1971年の渡邊位の「希望会」、1975年の児相の心理判定員小野修の「親のグループ[1]」、1979年の牧師高橋良臣の「登校拒否の子どもをもつ親の会」づくりの全国への呼びかけ[2]、異色なところでは1981年の中日新聞社の婦人家庭欄記者をまとめ役とした「情緒障害児を持つ親の会[3]」などがあった。

また、親たち自身が自然発生的に創設、運営する親の会としては、1983年に参加者の増加に伴い、会のルールと会の名前を正式に定め、会費を徴収して月刊で会報を発行することにした、西條隆繁の「登校拒否児とともに歩む父母の会『あゆみの会』」があった。この会は1988年には全国に500家族が会員となっている[4]。

高橋（1984）は1984年の段階で、精神科医・病院・仏教僧・大学研究室主催による親の会を紹介している[5]。

また、西條（1988）は1988年時点で、「純粋に親が運営している父母の会。

公的な研究機関、病院、施設などに付属したり、その関係者が運営する父母の会。営利を目的とする施設、塾などに付属したり、その関係者が運営する父母の会。寺院、教会などの宗教施設や宗教関係者が運営する父母の会。政治家の活動に関係した父母の会[引1)]」などがあったとしている。

しかし、親が運営するものでなく、専門家のもとで展開されている親の会は、やはり専門家主導に伴う当事者の自由な活動が制限されたなかでの活動となるため、純粋な当事者の活動ではないと筆者は考える。なぜなら、担当者（まとめ役）が変われば継続できなくなるということもあり、また、親同士の横のつながりというよりも、専門家と親一人ひとりとの縦のつながりが主となるからである。

専門家と親の会との関係については、たとえば「希望会」のように、専門家による会の立ち上げの際の呼びかけやバックアップはあったとしても、その後の運営は専門家の手を離れ、親たちが中心となってやっていくべきものと考える。たとえ専門家がかかわったとしても客観的な助言者もしくは相談役として後に引くべきであり、それでなければ親の会の当事者性としての機能も薄れるのである。

したがって、本論では、専門家が主導する会ではなく、親の自主運営によるもの、すなわち、久保（1998）が「専門職から自律している」「専門職が側面から援助する[6)]」と言い、中田（2000）が「完全自立グループ[7)]」と呼ぶ不登校の親の会について検討することにする[8)]。

①「登校拒否を考える会」

現在、不登校の親の会には、二つの全国組織がある。まずその一方である、「登校拒否を考える全国ネットワーク」と、その中心となった「登校拒否を考える会」の源流からみていきたい。

1971年、千葉県の国立国府台病院の精神科医で、児童精神医療の担当であった渡邊位（1983）が、登校拒否は、腐ったものを気づかずに食べたときに生じる下痢にたとえることができ、生きものが生を守るための現象にすぎず、病的なものでなく健康な反応であり、腐ったものを提供する社会の方に目を向けるべきだとして、自分が担当している登校拒否児の家族の集団療法として「希望会」という家族の会を始めた。渡邊が中心となって司会をし、看護師が記録をとるかたちで進められた。それが1973年に、登校拒否は医師の問題ではなく家族の問題であるから、家族が中心になってするべきとして自覚的に親の会「希望会」が立ち上げられた。親が会長となり、会報を月１回出した。参加者は、国府台病院で受診する不登校の子どもの家族であり、入会は渡邊が次のようにコントロールした。「医療的必要がある場合は、医療的認識をもってもらう必要があるので、自分がフィルターをかけ、心理的社会的不登校のみ紹介をしたが、それ以外の運営は当事者の家族の会であるから家族に任せ、自分は強く方向づけはせず、コメントのみした」と渡邊は言う。なお、1975年には、不登校をしている子どもたち自身が集まる子ども会も病院内に結成された[9)]。

「希望会」はその後1990年、渡邊の退職とともに院外へ出て、その時点でのメンバーのまま、趣味の会・文化の会となって続いた[10)]。

1983年、「希望会」発足10周年を記念して、不登校の実態を示し理解を広めるために出版された渡邊位編『登校拒否──学校に行かないで生きる』（太郎次郎社）の反応が大きく、「希望会」への入会希望が殺到したが、国府台病院の受診者でないと入会できなかった。また病院の中の会では、社会を変えるための活動をすることも自由ではなかったため、1979年に当時小学校３年生だった長男が不登校となり、渡邊位と出会って「希望会」へ入会していた小学校教師奥地圭子が、1984年、「希望会」の仲間や理解者とともに院外に、誰でも入会できる親・市民の会として、「登校拒否を考える会」を発足させた。例会に100人出席などということもあり、1988、89年には会員数1,000名を超え、全国からの参加があった。

1985年には奥地は教師を辞め、「登校拒否を考える会」の親や市民等８人で、学校外の子どもの学びと交流の場として「ＯＫハウス」を開設、まもなく「東京シューレ」と名を変え、「自由」と「子ども中心」を掲げて管理主義や競争主義に反発するフリースクールの草分け[11]として成長発展していくこととなった。

この1980年代後半から全国各地に親の会や子どもの居場所が設立され、不登校運動が盛り上がりをみせていくのであり、奥地の実践はその牽引力となったのである。1990年には、第１回全国交流合宿をもち、30数団体で「登校拒否を考える各地の会ネットワーク」をスタート、その後「登校拒否を考える全国ネットワーク」と名称変更し、年２回の世話人交流会と年１回の「登校拒否を考える夏の全国合宿」を各地持ち回りで開催している[12]。2012年夏には大人と子どもを合わせて400名の参加があった[13]。

この会は、不登校は病理・逸脱ではなく、ひとつの選択であり、画一主義・管理主義・競争主義といった問題を孕む現代の学校を拒否した子どもたちが示す防衛反応であるとする。したがって、子どもは学校へ行くべきであるという学校信仰を排し、家庭をはじめとする学校外での学びや生き方も学校と等価値として肯定し、その市民権を得るための活動も活発に行われるのである。

②　「登校拒否を克服する会」

次に、もう一つの、不登校の親の会の全国組織である「登校拒否・不登校問題全国連絡会」と、その中心となった大阪の「登校拒否を克服する会」についてみておきたい。以下は、両方の会の世話人代表であった故松本弘義からの、２度にわたる計４時間の聞き取り（2004年５月21日、11月24日）と、「大阪教育文化センター設立10周年年譜[14]」によりまとめた。

大阪府教職員組合（以下、大教組）は、各公立学校において任命主任が制度化された後、主任手当の拠出金を基金として、1984年10月、「大阪教育文化センター」を設立[15]、その活動「教育研究」「文化事業」とともに、1985年７月、「親と子の教育相談室」を設けた。それに先立って、1985年２月からいじめを想定して電話相談を開始していたが、相談内容の８割が不登校で、現実の状況を知るために面談が必要となり、「相談室」の開設となったものである。

しかし、2、3週に一度の面談では親の心は落ち着かず、同じ悩みをもつ者同士、話し合える場がほしいという親の願いとその必要を感じていた相談員の呼びかけにより、「登校拒否を克服する会」が設立された。会の運営は親を中心にした世話人会が当たり、奇数月に学習交流会を開催している。これは、全体会で講演や体験談を聞いて不登校についての学習をし、その後、参加者は基礎講座・特別講座[16]・学齢別によるミニ交流会を選択することになっている。また、偶数月には、各世話人を中心に府下17地域で地域交流会が開かれている。交流会では親たちが会場準備から司会・進行のすべてに当たり、相談員は必要な時だけの助言者として出席し、学習交流会の運営費は、参加者一人500円の資料代とカンパ・書籍販売収益とでまかなっている。

この「登校拒否を克服する会」の学習交流会で体験談を発表した親や子どもたちは、大教組の教育研究集会（以下、教研）「登校拒否・不登校・高校中退」の分科会にも発表する機会を得、さらに、全日本教職員組合の全国教育研究集会のレポーターとなることも多くなって、各府県の親の会とのつながりができてきた。その結果、1995年、大阪の全国教研の「登校拒否・不登校の克服」分科会で、22都道府県が参加して「登校拒否・不登校問題全国連絡会」が結成されるに至り、大阪に事務局をおいた。親・教職員・相談員・研究者などが対等の立場で協力し合っていくという点で一致しており、2013年1月現在、46都道府県に36団体会員と約900名の個人会員をもっている。

この「登校拒否・不登校問題全国連絡会」は1996年に「第1回全国のつどい」を大阪で開催、約600名の参加を得、以後毎年各府県持ち回りで開かれ、第3回以降第7回までの間、参加者は各1,000名を超えた。この「全国のつどい」により、それまで分散して存在していた親の会が府県単位の組織としてまとまってきたというが、2003年以降参加者はやや減少傾向にあり、2012年夏の「第17回全国のつどいin奈良」では630余名の参加であった。

なお、「不登校」「克服」「回復」などの用語については、不登校は否定すべきことではないのに「克服」「回復」を使用するのはおかしいとする見解があるが、会のスーパーバイザーである立命館大学教授の高垣忠一郎の見解により、学校に行きたいが行けないというのは、やはり登校拒否であり、子どもを「信じて・任せて・待つ」[17]ことが重要とはいっても、そのままでよいというわけではない、自立していかねばならないものであるから、やはり克服であるとして、会の名称を「登校拒否を克服する会」としている。「登校拒否を考える全国ネットワーク」側からは、不登校を否定的に捉える見解として、批判されるところであり、たとえば、「学校に行かない子と親の会(大阪)」の代表である山田潤（2002）は、「(『全国ネットワーク』に所属している会は）会の名称はちがっても、共通しているのは、『登校拒否を克服する』とか、『不登校に陥る』とか、『登校拒否から立ち直る』などの、それだけですでに負の価値判断をひそませた表現を、会の名称としても、会の日々の運営においても、意識的に避けようとしていることである」と述べている。[引2)]

以上、現在までの不登校の親の会の二つの大きな流れをみてきたが、これら二つのネットワークに入らない不登校の親の会も1980年代前半に始まって、数多く存在しており、ネットワークに入る、入らないにかかわらず、その多くが設立と解消を繰り返しているといってよい。

1－2）不登校の親の会活動の現状

親の会に所属している親を対象に実施したアンケート調査から、親の会活動に関しての親たちの現状・気持ちをみてみよう。

アンケートは2004年10月実施。ただし、有効回答数が77と少なかったため、量的調査としては大まかな傾向を知るものとして、記述式自由回答は質的なものを示しているものとして、使用したい。なお、回答者の性別は圧倒的に「女」が多かったため、アンケート結果については特記しない限り「親」は「母親」を示す。

まず、親たちが選んでいる「わが子の不登校についての相談先」としては、次ページの表１にその傾向をみることができる。

質問紙配布数	回　収　数	有効回答数
約200	90	77

回答者の性別	男	女
人　数	5人	72人
比　率	6.5%	93.5%

回答者の年代	30代	40代	50代	60代
人数	3人	42人	25人	7人
比率	3.9%	54.5%	32.5%	9.1%

表1　　わが子の不登校についての相談先　　N＝77（複数回答）

相　談　先	相談してよかった	人による	よくなかった	計
親の会	62	1	1	64
友人	29	4	6	39
フリースクール・居場所	14	0	3	17
民間のカウンセラー・教育相談	16	2	10	28
ラジオの教育相談番組	4	0	1	5
病院・医院	18	2	10	30
学校の教員	21	8	10	39
保健室の養護教諭	8	1	4	13
適応指導教室	10	1	7	18
教育委員会等の教育相談所・教育センター	15	5	11	31
スクールカウンセラー	16	1	7	24
児童相談所・子ども家庭センター	6	1	16	23
親族（保健師である母）	1			1
相談しなかった				1
計	219	26	86	332

アンケート対象者が親の会の会員であるので、親の会への相談数や「相談してよかった」が多く出るのは当然として、全体としては回答者数が多くないので、「相談してよかった、よくなかった」については明確なことはいえないが、少なくとも「相談しなかった」1人を除き、親たちは1人平均4.3か所へ相談のため足を運んでおり、その相談先は多様であるといえる。

親の会の多くの親たちは、相談機関に相談しても、その結果は満足するものでなかったため、親の会を求めることになったと考えられる。それは「よくなかった」の数がかなりあることからもいえることである。もちろん、なかには親の会と平行して他の相談機関を利用している親もいる。

つぎに、図1にみる「親の会への入会のきっかけ」であるが、「親の会に所属している他のお母さんから誘われて」や「友人・知人の紹介で」という口コミが42%強を占める。「相談機関」や「学校の教員」「スクールカウンセラー」からの紹介が意外に少ないのは、それらと親の会との連携のなさを示すものであろう。

図1　親の会への入会のきっかけ　N＝77

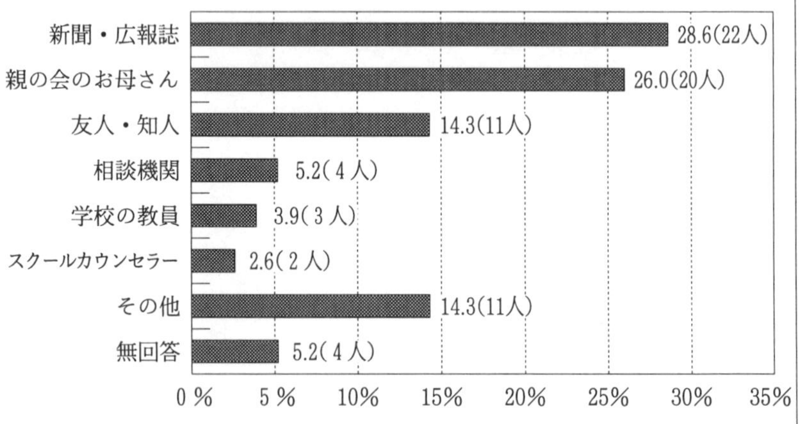

さらに、親たちの、子どもが不登校になってから「親の会に入会するまでの期間」については、図2にあるように、半数以上が1年未満に親の会とつながっている。つまり、表1と合わせて考えると、親の会につながった多く

の親たちは、子どもが不登校になってから１年未満の間に、あちこちの相談先を右往左往してたずね歩き、親の会にもつながったといえるのではないだろうか。

図２　親の会入会までの期間　N＝77

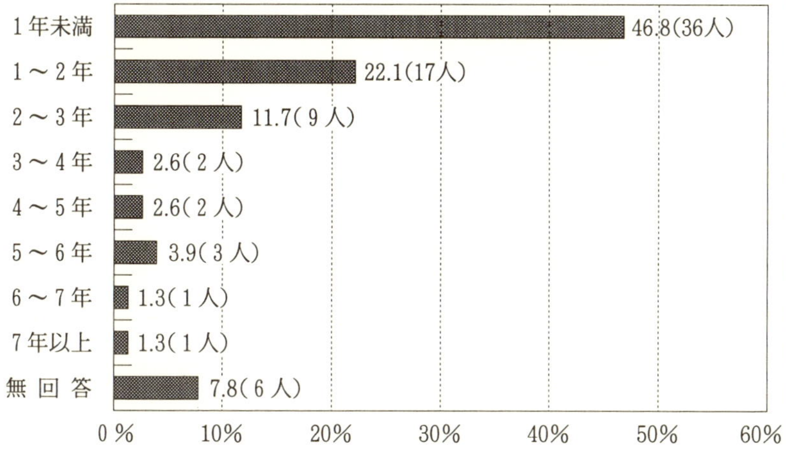

最後に、アンケート記入時点までの「親の会の所属期間」であるが、図３のように、１～６年までが中心となっているが、10年以上も18%以上に上っている。

子どもが元気になり社会的自立を果たした後も、親の会を退会しないで活動を続けている親が多いことが分かる。その理由を親の会で聞いてみると、「自立はしていてもまだ不安だから」とか「親の会にお世話になったので、少しでもお返しをしたいから」「活動が楽しいから」などといった回答が返ってくる。いずれにしても、不登校の親の先輩として、会の世話役として生き生きと活動している複数の親たちによって多くの会は運営されているといってよい。

10年以上にわたり親の会に所属し、世話人として活躍している一人の母親についての事例を巻末にあげておきたい。

図3　親の会所属期間　N＝77

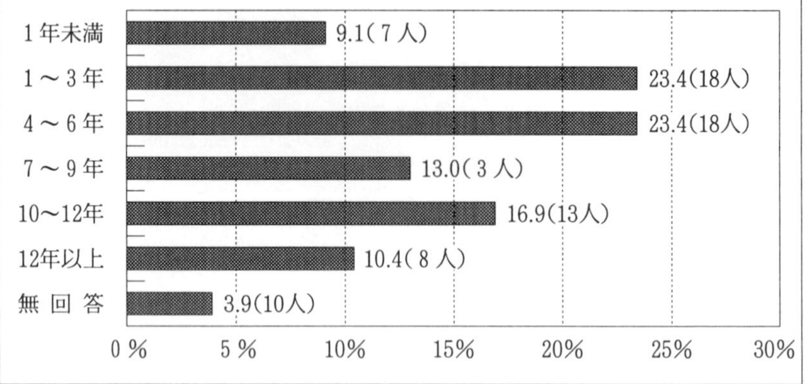

1－3）活動内容

規模の大小はあっても、共通していえる親の会活動は例会をもつことである。例会は多くは月1回、曜日と時間、会場を決めて、その日時にそこへ行けば必ず開かれているというかたちをとっている。会場は、公民館等の公共機関を利用しているところが多いが、居場所を運営している親の会は各自の居場所で開催している。例会は、世話役が複数名いるところが多いが、古くからの会員も新しく入会した親も対等であり、社会的地位や立場、職業、年齢等も関係なく、同じ不登校の子どもとともに生きている親同士、公平平等に自分たちの現状、抑えられた気持ちや悩み、体験が語られ、率直なやりとりがなされ、わかちあいが行われる。

自主的参加で、出入り自由、発言も平等にするが、話したくなければ聴くだけでもよく、その場かぎりの言いっぱなし、聴きっぱなしで、聴いた内容は部屋から外へは持ち出さない、否定・批判をしない、また宗教・政治色をもちこまないなどがルールである。これらのルールについては、例会の初めに司会者が確認するところが多い。もちろん、会の入退会は各自の自主性尊重であり、去る者は追わない。

不登校の親の会活動の中心は、この例会をもつことであり、山本（2003）

は、元気な親の会ができている三つのことの一番目に「定例会が開催されていること」をあげている。あと二つは「一人一人の不安をみんなのものにしていること」「不安感をなくす集団での取り組みが確実に行われていること」であるという[引3)]。この例会だけを実施している親の会も多いが、例会をもつことで、あとの二つにもつながっていくことになり、さらに発展して多くの活動を展開している親の会も多い。すなわち、例会以外の

1．情報発信と会のまとまりのため、会の通信（会報）を季刊や月刊で発行、発送
2．会員・市民の不登校理解を深めるための講演や学習会の開催
3．他の親の会とのネットワークにより、他の親の会主催の講演や学習会の案内・紹介
4．運営資金調達のためのバザー、文化祭等イベントの開催
5．地域の文化祭等への協力参加
6．子ども・若者が主体となる学び、成長、表現、交流の場（季節の行事やキャンプ等）の提供
7．子どものための居場所の創設、運営
8．子どもの人権確立・保障に関わる市民活動、自治体への働きかけ

などの活動である。

これらの活動のうち親たちが一番望むのはやはり例会で、共通の困難さを持ったもの同士で話を聴いたり聴いてもらったりして情報を受けとることである。

筆者のアンケート調査によれば、「親の会活動に期待するもの」として図4のように、有効回答77人中「話を聴いてくれる」が67人、「情報をくれる」が54人であった。また「学習会、講演会などの開催」も44人と半数を超え、不登校についての親たちの学習意欲をみることができる。

それに引き換え、「子どものための遠足等の活動」が10人と少ないのは、行事に子どもを連れ出すことの大変さを示しているのであろうが、あるいはすでに子どもの出かけるところが定まっているのであろうか、いずれにして

図4　不登校の親の会活動に期待すること

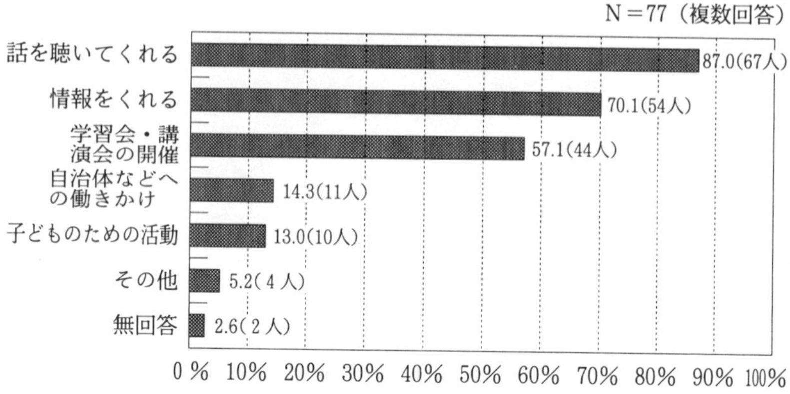

も親たちは、親の会活動としては子どものための活動は大きくは期待していないようである。また「自治体などへの働きかけ」も11人と少なく、親たちはまずは、身近な身の回りの対応の仕方についての情報を望んでいると考えられる。

しかし、この親の会活動の「8．子どもの人権確立、保障にかかわる市民活動、自治体への働きかけ」は、親の会活動において体験の共有が進み、価値観や発想の転換が行われ、親が自己変革してくるとともに行き着くところである。

それは、三島（1998）が「個別的な問題に対応しつつ、自らを取り巻く社会環境を変えていくための包括的な運動を展開していく」「構造的な社会変革を志向するセルフヘルプ・グループ（SHG）運動[引4)]」と述べ、岡（1999）が「あなたを抑えつけている環境を変えるために『社会に働きかける』こと[引5)]」と表現し、中田（2009）が「アドボカシーとはサービス利用者の権利を保障し、ニーズを充足するために弁護・擁護することを指」し、「社会のスティグマと闘い、偏見を解消するためのアドボカシーはSHGにほかならない[引6)]」と述べているところに一致する。

たとえば、具体的には1988年９月16日『朝日新聞』夕刊の第一面に、「30

代まで尾引く登校拒否症　早期完治しないと無気力症に　複数の療法が必要　カウンセリングのみは不十分　筑波大学助教授ら5,000人の例で警告」という見出しで、登校拒否を病理とみる記事が掲載された。これに対して、スクールソーシャルワーカーの山下英三郎や教育評論家の遠藤豊吉らによって、個人的に朝日新聞への抗議がなされた[18]が、最も組織的に抗議活動を展開したのは、奥地圭子が代表を務める「登校拒否を考える会」であった。

まず、各地の親の会やカウンセラー、教育関係者と意見交換をし、朝日新聞へは投稿と会見を申し入れ、誰でも参加できる緊急集会の開催を決定した。会見は受理されて11月８日実現し、集会は「登校拒否を考える会」を中心に「登校拒否を考える緊急集会実行委員会」を結成、「登校拒否を考える緊急集会　えっ！『早期治療しないと無気力症に』だって？」を1988年11月12日に開催、「全国各地から800余名の参加者を集め、報道の偏りが、登校拒否当事者への差別と偏見を助長したことを批判した[引7]」。

この集会は、マスコミの「登校拒否」に関する報道姿勢を変えるという節目になる集会であった。1988年11月から「登校拒否」を「治療」の対象とする雑誌記事の見出しより、「登校拒否は病気じゃない」とする見出しのほうが急増しているのである[19]。

この緊急集会の実行委員会は、その後「登校拒否を考える市民連絡会」と名称変更し、「登校拒否を考える集会」を三回開催している[20]。

この一連の親の会を中心とした活動は、単にマスコミや社会一般への不登校理解の啓発だけでなく、明らかに、背後にある文部省の病理解釈を意識してのことであったと考えられる。現実に、1992年の文部省の「どの子にも起こりうる」という不登校の認識転換を、奥地2005は「私たちのような活動が説得力をもった、と委員のお一人から聞きました」と述べている[引8]。

さらに、1990年、「登校拒否を考える全国ネットワーク」結成以後、1991年の風の子学園事件[21]をはじめとして、「戸塚ヨットスクール判決、いじめ・いじめ自殺について、等その時その必要性からアピールを出し、文部省交渉もし」、「学校外の場に通う子への学割定期券の適用」も実現させてきた。また「高等部通学定期、学校復帰政策の転換、学校外の居場所や不登校家庭への公的支援」等について、緊急集会、市民連絡会の立ち上げ等、当事者の視点を土台にした政策を訴えてきた。[引9)] また多数の不登校に関する書籍も刊行し、啓発活動を展開している。

以上は奥地を中心とした活動であったが、大阪府でも、2005年２月から当時の知事の再選時の公約「３年間で不登校児童生徒の半減」に基づいて出された「不登校緊急対策事業」に対して、親の会など９団体が「大阪府の不登校対策を考える市民連絡会」を立ち上げ、対策の撤回と対策決定に当事者の参加を求めて抗議活動を起こした。

その主張は、半減という数値目標を揚げることは不登校を否定的に捉えることであり、登校促進の強化や地域の不登校支援協力員による家庭訪問等は、自己否定しがちな子どもをさらに追いつめかねないし、また個人情報の流出も危惧されるというものであった。当事者（子どもと親）の声を集め、教育委員会・知事と話し合いをもち、府は説明不足を認め、ホームページに釈明文を掲載することを約束した。[22)]

なお、この「大阪府の不登校対策を考える市民連絡会」は2005年９月に「不登校政策を考える市民ネットワーク大阪」と改称し、継続して不登校政策についての討議、関係機関への提言をはじめとする当事者に必要な活動を行なうこととなった。

また「登校拒否・不登校問題全国連絡会」では、「子どもの権利条約」にもとづいた、子どもの生きやすい社会を求めて、国連子どもの権利委員会傍聴のための子どもの派遣や学習会の開催など、啓発活動を起こしている。大阪府の不登校緊急対策事業に対しては、全日本教職員組合の教育研究全国集会の不登校の分科会で親や教師たちによって論議が交わされた。[23)]

このように、「文部省の方針および施策転換の背景となっているのは、公的・専門的『援助』に全面的に依存せず、当事者として向き合ってきた親の会の影響も、決して小さくはなかったと思われ、（中略、親の会活動は）一種の社会運動なのである」[引10)] と広瀬（2001）も言う。従来までは、国の政策は当事者の参加なしに決定されてきたが、もはや当事者の声を無視することはできない状況になってきている。その現われとして、文部科学省は、2003年の協力者会議の報告を受け、2004年の『生徒指導資料第２集』において「『親の会』のような保護者同士のネットワークとの連携協力を図ったり、『親の会』に学校の教員やスクールカウンセラーなどが積極的に参画し保護者の経験から学ぶなど、保護者と学校関係者等が相互に意見交換する姿勢も大切である[引11)]」とまで言うようになってきているのである。

このように親の会活動は日常の地道な例会活動における個人の問題から出発するとともに、子どもの人権確立・保障のために立ち上がらざるを得ない状況の中で、市民ネットワークを通じて、不登校を否定的に捉えるスティグマと闘い、公と民の不登校観の再構築を推進してきたといえる。しかし、少しずつ市民権を得てきたとはいえ、現実にはまだ不登校の子どもを不良品呼ばわりする[24)]ような偏見と差別が一般に広く残っており、親の会は子どもの人権を守るため、気を許すことはできないのである。

２．親の会活動から獲得するもの

２－１）親が獲得するもの―自己変革

①不登校当初の親の気持ち

わが子が学校へ行かなくなった親たちの多くは、それまでの平穏な生活の土台が足元から崩れ去るような驚愕を味わう。まず「なぜわが子が」という疑問にとらわれ、多くの場合子どもも説明できない「行かない理由」を子どもに問い詰め、戸惑い混乱し、あの手この手で登校を促し、以前の平穏な生活への回帰を試みる。しかし子どもはガンとして動かず、根負けした親は、とりあえず「行かなくてもよい」と言わざるをえない。ある母親は次のように書いている。

> 不登校を受けいれられない私と、学校へ行けない息子との戦いがはじまり、毎日が地獄のようでした。朝が来るのが怖かった。何をするのも

いやだった。他人はわが家をどんなふうに見ているのか、こんな息子に将来はあるのかと思い、舅にも毎日毎日責められました。「母親が甘やかしているからだ、親が連れて行かないなら俺が連れて行く」と、息子を引きずってでも行かせようとしたときもありました。息子は疲れきって、どうにもならなくなったとき、不登校がはじまったのです。（中略）私の子育ては何だったのか。自分を責めることしかできませんでした。（中略）ある日、車を運転中「あの電柱に激突して死んでしまおうか。死んだらどんなに楽になるだろうね」なんて口走っていました。[引12)]

また別の母親も書く。

こんな学校でも、私たち親は、心の中では何とかして元の生活に戻し、勉強をして、高校に行かせねばと考えて家庭教師をつけたり、がんばって学校復帰させようとしたのです。娘は苦しさのあまり、押入れの中で生活するようになり、トイレと、深夜の風呂以外、出てくることはありませんでした。そして、しばらくしてから、自ら命を絶とうとしました。不登校をして１年たったころでした。

この子に何を求めていたのでしょう。親の世間体とか、見栄とか、親が満足できればよかったのです。たんなる親の身勝手な押しつけにすぎませんでした。

私たちは、娘に、どうか生きていてほしいと願い頼みました。大きな声で泣きました。

こんななか、不登校の親の会を知りました。[引13)]

母親たちは、子どもが不登校になると、学校に行かなくなって家に閉じこもっている子どもとどう接したらよいのか、ものを言わない子どもにどう言ったらよいのか、毎日の子どもとの生活に悩み、疲れ、子どもの現状を受け入れることができない。筆者のアンケート調査には、そのような子どもとの生活を、

・「不登校」であることよりも何よりも、24時間365日、どんなに愛する子どもであってもべったり一緒に暮らすこと、たぶん一番しんどいの

はそこでしょうね。「『時間』はいっぱいあるけど『自由』がない」と、上手に表現した友人がいます。

・毎日24時間、家に居られることはストレスになり、（学校へ行ってないという親の望まない状況を目にすることで）先が見えない状態の時はしんどかった。親が無理に学校へ行かせようという思いを強くもっていて、それが全く子どもに伝わらず追い込んでしまった時は、後で思うと親子でしんどかったと思う。

と記述したものがあった。

また、夫や舅姑、親戚からは、「おまえの育て方が悪い」と責められ、「子どもは母親が育てるべきものである」という、まだまだ根強く残っている性別役割観のもと、母親自身も自分のこれまでの子育ての仕方や自分自身に対して負い目を感じ、自信をなくして、「だめな母親」として自分を責めるようになっていく。近所の母親たちと顔を合わせるのもわずらわしいため、ごみ捨てに出るのも気が乗らず、買い物はわざわざ遠くの市場まで行き、相談する人もなく、孤立感、疎外感、劣等感、罪悪感、将来への不安にふさぎこむというようなうつ的状態となることも多い。また一方では、自分で何とか現状打開をしようと、「『母である私が何とかしなくては』『どうしたらいいんだろう』と肩に力が入り自分を追いつめ[引14)]」、右往左往してあちこちの病院や相談所を経巡るということもある。

②「仲間による受容」から「自己受容」へ

そのような状況のなかで入会した親の会について感じたことを、ある母親は次のように書いている。

ここに来ると気が楽になります。他のところでは、「私は間違っているんじゃないか」と焦ってしまうことがあるんです。[引15)]

また、筆者のアンケート調査にも、入会して感じたことについて次のような自由記述があった。

・他の（不登校の）パターンや、それぞれの親の気持ちや考え方など聞いていると、全く普通であり、自分もとても素直にその中で話ができるようになり、自分の気持ちを分かってもらえることでホッとできた（（ ）内は筆者注）。

・自分独りではない、一緒に悩み、苦しんでくれる友人がいるというのは、何よりの心の支えです。主人よりも親の会の友人のほうが、頼りになり、身近に感じます。まず親が安定すること、これが子どもにとっても大切だと思います。
・気持ちが楽になった。どうしても、通学しない子と家の中で閉じこもりがちになり、ウツウツと暮らしてしまうから。自分たちだけでない、学校に行かない子と親がたくさんいるということが分かり、安心した。
・親のもっていきようのない気持ちを、すべて拾ってくれた。

このように、多くの親たちが、親の会の例会に参加して、「気持ちが楽になった」とか「他の親の話がストンと胸に納まった」という表現をする。他の誰にも理解されない、同じ状況にいる者同士でなければ決して分からない、今まで抑えてきた思いを、ときには涙ながらに訴え、それを同じ思いで心から受け入れてくれる仲間と出会えて、「自分だけではなかった」と親たちは初めて落ち着き安心し、孤立感と疎外感が薄らぐことになる。専門家には当事者でないが故に物理的に感得できない、当事者同士の共感であり、理性ではない、感情による共感である。「あなたは間違っていない」と受け入れられ、「子どもが不登校であることを知ってもらっている安心感」から、「親の会では何でも話せる」と親たちは言い、気持ちのわかちあいにより心が軽くなるのである。また、自己肯定感を得たことについては次のようにある。

・ありのままの自分で良いのかな？と少し思えるようになった。しんどい親同士、励まし合うことで、少し顔を上げて歩けるようになった。
・共感してもらえることで安心でき、子どもに対してひどいことをしなくなった。ひどいこととは、「無理やり学校に行かせる」ためにさまざまな手段を使ったこと。
・親の会で、みんなにやさしくされて、自分自身がやさしくなれた。

つまり、自分を否定されないことで少し自信も回復し、不登校のわが子を受け入れる感情的下地ができたといってよい。この親の会の「他者による受容」が「自己受容」をもたらし、親たちがその後、自分自身の生き方の発見・変化にまで及んでいく源となっているのである。

③情報の獲得

さらに、親たちは親の会の例会や学習会から多くの情報を受け取ることになる。親たちが受け取る情報には二種類ある。

一つは、客観的情報と言ってよい。たとえば、アンケート調査で親たちが受け取ったとして挙げている客観的情報は、次のようなものである。

> 不登校に関する本・講演会等の紹介、通信制高校・サポート校・高等学校卒業認定試験の内容、フリースクールの所在、不登校の子どもたちのその後の進路、中学校へ1日も行かなくても校長の裁量で卒業できること、給食費はとめることができることなど。

もう一つの情報は、「不登校はどういうものであり、なぜおきるのかという不登校観」や「不登校をしている子どもの気持ち」、「子どもや学校への対応の仕方」など、不登校全般に関わる広い意味の学習情報である。

「不登校観」については、その親の会の「不登校観」が、例会の語らいのなかで互いの考え方として、また設けられた学習の場で、伝達されていく。これについては、山田（2002）が「例会では傾聴の姿勢が重視され、メンバーの発言を明示的に評価することはない。しかし（中略）ある発言に自分の経験談を対置したり、別様な解釈を加えることで中心的なメンバーは不登校に対する望ましい対応やことがらの解釈を暗示する。（中略）そこには見えない〈教育〉が存在する[引16)]」と述べている。この過程で親たちは、わが子の不登校は自分の育て方が悪かったのではなく、社会やその社会の要請を受けざるを得ない学校の問題であることに気がついていくのである。次のような親のアンケート記述がある。

> 参加し、学ぶなかで、社会システムが大きく変化しているのだという

ことを知り、子どもへの過剰な期待等が子どもに大きな負担をかけ、結果を生じたと知った。親が変わったことで子どもが変わったと感じている。

さらに、親たちは、どうしても理解できなかった「わが子の気持ち」を他の親たちの体験から知ることになる。これを示すものとして、親の会「ふきのとうの会」の大谷は次のように書いている。

当初は、親の気持ちだけでいっぱいいっぱいで、子どもの気持ちは全然見えてなくて、親の会で自分の気持ちを話し、他の人の体験を聞くうちに、やっと子どもの気持ちが少しずつ見えてきます。親の何とかしなければという心配が、むしろ子どもを追いつめ、よけいつらい気持ちにさせていたことに気がつきます。[引17)]

たとえば、例会に初参加の親が来たとき、次のようなことがよく話されている。いずれも、子どもの目線でその折々の子どもの気持ちを代弁、理解しようとするものである。

- 昼夜逆転は、昼間人と顔を合わせたくないからであり、親が「好きなようにすれば……」と本気で思ったころから、子どもは早起きして、自分のしたいことをする。やりたいことがあれば人間だれでも起きてくるということ[25)]
- テレビやゲームばかりしているのは、初めはほんとうにしたくてしているのではなく、そうして時間をやり過ごさないと自分が保てないからであるということ[26)]
- 「学校へ行け」と言うのは「戦場へ行け」「死ね」と言うのと同じであるということ[27)]
- 暴言や家庭内暴力は、まわりの無理解のなかでこんなに苦しんでいる自分を分かってほしいという気持ちの訴えであり、自分を出せるようになった、自己主張できるようになったということ[28)]
- 過去の親の対応や態度を一つ一つ思い出して責めるのは、子どもの「生き直し」が始まったということ[29)]

さらに、「学校への対応の仕方」では、たとえば控えてもらいたい家庭訪問やクラスの友達からの手紙や迎え、逆に見捨てられた思いになる無連絡など、どの程度要求を出してよいものかに悩む親も多く、メンバー間で知恵がわかちあわれる。また「子どもへの対応の仕方」は一番親たちが悩んでいるところであり、たとえば

- だらけているように見えていても、何もしないで一人で悩む時間を保障してやり、自分で答えを見つけるまで手出しをしないのが親の仕事であること。現に子どもや若者のシンポジュウムで、多くの子どもたちが「見守ってくれてありがとう」「何もしなくていい」「ほっといてほしい」と答えていること[30)]
- 何が起きても「命さえあれば」「生きていてくれさえすれば」と思えるようになったこと[31)]
- 「子どもを見守る、受け入れる」とは具体的にどのようにすることなのか[32)]

など、さまざまな体験がわかちあわれ、情報が獲得される。

④価値観の変化

このように、初め孤立と疎外感情のなかにいた親たちも、親の会の、共通の悩みをもつ者同士で分かりあえ安心できる空気のなかで、共感され受容され、多様な情報を獲得し、少しずつ心の整理ができて、自己受容し自己変革し始めるのである。以下にその変化の内容を筆者のアンケート調査等から拾ってみたい。

- 「人の話を聴く」ということを学びました

親の会で自分の体験をじっくり聴いてもらい、「人の話」を聴いて気持ちに落ち着きを取り戻すと、ひるがえって家庭内で家族の、特に子どもの話にじっくり耳を傾けるようになるということである。子どもの不登校を受け入れる、まず第一歩の態勢ができたことになる。

- 学校に行かなくても大丈夫と知った

・自分自身に余裕がもて、「見守り、待つ」ことに専念しようと思えた
・自分自身の生き方を「これでいい」と言えるようになり、子どもがもっともっといとおしく大切になった

今まで学校へ行かないわが子を、親の思うように動かないわがままなものとしてしか理解できなかったのが、あるがままの姿で受け入れたのである。親たちは言う。

・子どもが家にいることの抵抗感がなくなった。他の子どもさん、親ごさんの状態をきくことで、自分の子どもに優しく大きな気持ちで接することができた
・自分の根元的思考が変わった
・子どもを対等な人格として見られるようになった。自分の価値観が変わった

ここには、いままでの社会に生きるなかで身に付けてきた学校信仰を捨て、不登校や子育ての本質を理解し、大きく価値観の転換を成し遂げた親たちがいる。

次ページの図5は、「不登校開始時の親の考え」と、その後のフリースクールへの入会の「説明会参加時の親の考え」の変化に関する「東京シューレ」の調査である。不登校開始時は子どもに対して「何としても学校へ行かせたい」「できれば学校に行ってほしい」と考えている親が合わせて64.4%と全体の3分の2近くを占めているのに対し、説明会参加時は11.8%で、「学校へ行かないことを理解し受け入れた」が58.0%と、親の考えは大きく変化している。「東京シューレ」では「親の会に関わってからシューレに来る人が多い」ので、この変化を、調査の解説は「各地の親の会、登校拒否を考える全国ネットワーク、シューレで行っている親ゼミ、親だけ懇談会などの親向けの活動、などの積み重なりによるところも大きいのではないだろうか[引18)]」としている。

さらにまた、親の会で、他の多様な親と子の状況をモデルとして見聞きするうちに、不登校の全体が見えてき、わが子の将来の展望も見えてくる。一

図5① 不登校開始時の親の考え

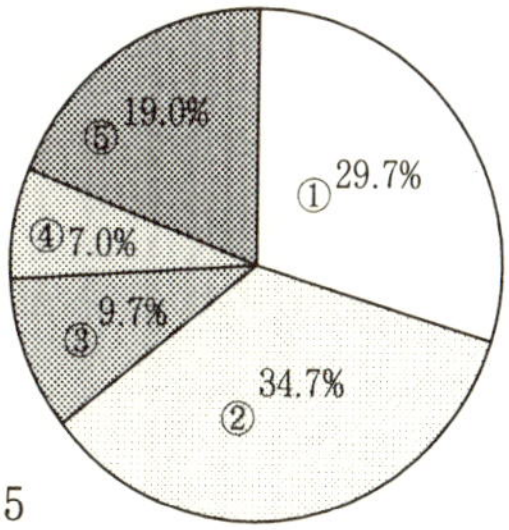

N＝715

①何としても学校へ行かせたい
②できれば学校に行ってほしい
③子供にまかせる
④不登校と認めていいか揺れている
⑤学校へ行かないことを理解し受入れた

〔出所〕東京シューレ編2005『今ここに生きている―東京シューレ20周年OB・OGアンケート報告』東京シューレp104より転載

図5② 説明会参加時の親の考え

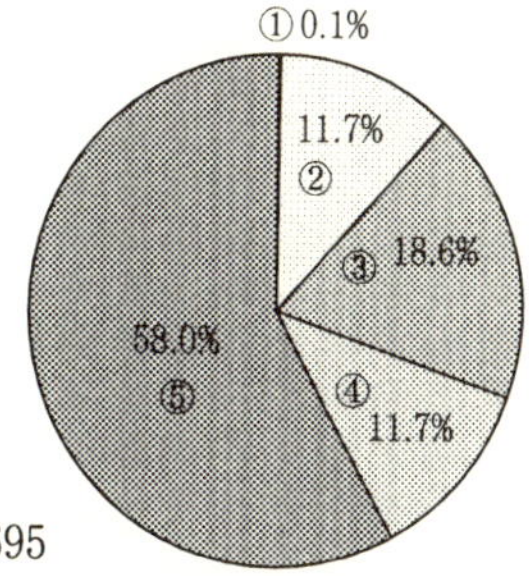

N＝695

①何としても学校へ行かせたい
②できれば学校に行ってほしい
③子供にまかせる
④不登校と認めていいか揺れている
⑤学校へ行かないことを理解し受入れた

〔出所〕左に同じ

人ひとり不登校の経緯は異なるが、多くのモデルを知ることにより、考える材料が豊富に提供され、希望を見出すことができるのである。元気になったモデルを目の前に見るという、実証されたものを見るほど親たちの力強い救いになるものはない。次のような親のことばがある。

親の会の良さは、不登校の始まりから中盤、そして長いトンネルを出たところまで、不登校全部の経過が見えてくるところにあるんです[引19)]

さらに、親たちはアンケートに書く。

・考え方や生き方が180度変化した。自分の生き方を問い直し、自分が何を本当はやりたいのか、やりたかったのか、今まで見えなかった（見ようとしなかった）ものが少しずつ見えてきた、多くのいろんな立場の人に出会えたおかげ。

・自分の生き方を考えるキッカケになった。子どものためといいながら、

自分（親）のための子育てをしていたことに気づかされた

・自分が自分であってよいと考えることで、人に対してもそう思うので気持ちが楽になった

・私が私であってよい、このままの私であってよい、（自分を否定されない）、無理をしていることが多いのではないか、なぜむりをしているのか、ということで自分の生い立ちまで考えが及びます。夫は無理をしていないのか、娘は……と広がっていきます。それぞれの自立ということに気づかされています。

というように、価値観を転換し、子どもの不登校を真に受容するようになり、自分を客観視できるようになった親たちは、自分の生き方を振り返り、主体的に自分の人生を生き始めようとするのである。「親」と「子」は別々の人格で、お互い、自分の思うように生きればよいと思い始める。「ひとりだち」[引20]である。「中卒・中退の子どもをもつ親のネットワーク」代表の河地敬子も次のように書いている。

死にたい、死にたいと、1月の会合で涙だらけの人が、月ごとにハンカチを握りしめることが少なくなり、5月には明るく話す。「子どもは子ども、親とは別の人格。子どもの将来は子どもが決めるヮ、私は私。友だちと花見に行ってきたヮ」。集まりは月1回だが、毎月参加するごとにどんどん明るくなるお母さんの表情を見ていると、単なる話し合いにしかすぎない例会が、親たちに与える影響は大きいと思う[引21]

また、親の会の無償の受容により、安心感を得て、不登校を否定的なものとするスティグマから解放され、少しずつ自信を取り戻した親たちは、例会だけでなく親の会の他の活動、たとえば、会報の発行・講演会の開催・子どもの人権を守り、社会のスティグマを取り除く運動にも目を向けていくことになる。これらの活動に参加することで、親たちは社会的経験をし、視野を広げ、さらに自信を獲得する。筆者のアンケートにも次のような記述があった。

・自分の家のことだけでなく、社会的にも視野が広がりました。

・教育行政のあり方を学んだ。

さらにまた親たちは、価値観の転換を図り、人生をより高い次元で考えられるようになり、自己変革と社会へ視野を広げるきっかけを与えてくれたわが子への感謝の気持ちを述べている。すなわち、以下のように、子どもが不登校をしてくれてよかったと考えられるまでになるのである。

・今現在の、ありのままの自分を受け入れてもらっていることで、自分の生き方を考えなおし見つめ直すよい時間をもらっている（すべて不登校をしてくれた子どものおかげ[33]）

・子どもが学校へ行っていたら出会えなかったであろう人にも出会うことができましたし、読まなかったであろう本なども読むことができました。そういった意味では本当に「子どものおかげだよなあ」と素直に思います[引22)]

・この10年ほどは、自分自身どう生きていくのか、いつもそのことを問われ続けてきたように思います。（中略）自分を尊重するとともに、相手を尊重する。このことがとても難しく、押しつけの強い私は今でも苦戦しております。しかし、子どもが不登校になったからこそ自分のことを振り返り、自分の人生を立て直すことができたと思います[引23)]

⑤親の居場所

最後に、親たちはこのような親たちの自己変革の手助けをしてくれた親の会について、筆者のアンケートにおいて次のように言っている。

・親の会は肩書きや性別や年齢に関係なく、私自身を一人の人間として受け入れてくれている。本来の人間関係の正しいあり方であるように思う。自分の居場所としては最高のものだと感じる。

・私自身の今のおちついた家庭・生活・親子関係は、親の会に参加しなければありえなかったと思う。どんな講演を聞いたり、本を読んだりすることよりも私を成長させてくれたように思う。共感し合えて、弱音をはくことのできる仲間がいたことで今までやってこれた。

つまり、親の会を何ものにも代えがたい自分自身の居場所と感じ、さらに生き生きと活動を展開していくこととなるのである。

以上みてきたように、親たちは、親の会に否定的な面も肯定的な面も含めて受け入れられ、支え合い、さまざまの情報を得ることによって、自己を回復し、価値観の転換をし、自己変革していった。しかし、もちろん、すべてがスムースに進展していくわけはなく、親も子もさまざまな紆余曲折を経ながらの道である。親の会で、

例会に参加した後、一週間は子どもにも優しく元気に過ごせるが、その後また落ち込み、一ヶ月もたない。だからまた次の例会に元気をもらいに来るのだ[34)]

あるいはまた、

カーテンを閉め切っていたときは、カーテンさえ開けてくれるようになったらいいわと思っていたけど、開けるようになったら今度は、バイトにでもいってくれへんかなあと思ってしまう。カーテンの原点に帰らねばと思うのだけれど[35)]

などと聞くことがある。挫折の繰り返し、行きつ戻りつ揺れながら、親たちは気長に互いを支えあい頑張っているのである。

ちなみに、セルフヘルプ・グループにおいて、「援助をする人がもっとも援助をうける」という「ヘルパー・セラピー」原則[引24)]はもちろん不登校の親の会においても該当する。アンケートの、

自分自身が親の会の世話人をしてきたつもりでしたが、今になって考えると、私がみんなにサポートしてもらってたんだなあと思います。

という述懐にもあるとおり、会の世話をすることで自分が何らかの役に立っているという自分の存在意義を感じ、自信をもてるようにもなり、また古くからの会員も新しい会員の話の中にも常に新しい発見やヒントを感じ取り、互いに学びあっているのである。

このように、不登校の親の会から親たちが獲得するものははかり知れないが、その原点は先にも触れた「仲間による受容」、つまり他の親たちからの

無償の受容である。同じ不登校の子どもをもった、同じ悩みを抱えた親たちからのありのままの受容は、何よりも心が癒されるものである。アンケートに次のようにあった。

　親の会に出て、話を聞いてもらって自分だけではないと思ったのが一番の変化。親が変われば子どもも変わる。元気になって、子どもと笑えるようになった。

この「仲間による受容」がなければ、ほかには何も獲得されない。

この「仲間」というのは、同じ親でなければ分からない気持ち・悩みを抱えた親たちであるから、この点が、親の会における「仲間による受容」が「専門家による受容」と決定的に異なる点である。つまり、専門家はどんな場合でも親すなわち当事者にはなれない。中田（2000）は、ワスコウィッツの調査を紹介し、「専門家との接触で満足しているのは25%にすぎない[引25)]」としている。筆者のアンケート調査結果「表1」においても、専門機関が相談先として「よくなかった」というのが少なからずあった。しかし、専門家が親にとって満足のいくものであろうとなかろうと関係なく、親の会は親たちによって次にように望まれているのである。

　我が子の登校拒否をきっかけにつくった親の会は十年目。ずっと続いています。

　10年前ですが、自分としては、不登校の子を持つ親としては恵まれていたと思います。学校の先生とも、相談機関の小児病院精神科の先生とも、友達とも話ができ、夫ともまずまずの関係でした。でも同じ親同士というのがなくて、同じ悩みを癒やし合う・手をつなぐということがほしかった。また、その頃我が子がとりあえず進路を決め、親の私に少しゆとりがありましたので、思い切って始めました[引26)]。

親たちはこのように、専門家では得られない満足感を親の会に感じているのであり、ここに親の会の固有性がある。

2－2）社会が獲得するもの―社会変革

①社会意識の啓発

親の会では、自分たちの学習のためにも、地域社会への意識の啓発のためにも、不登校を否定的に捉える社会的スティグマの解消と不登校のより深い理解を目的に、不登校や子育て・教育に関する講演会やシンポジウム・学習会などを、規模に大小はあるが、開催している。一つの親の会が単独で開く場合もあれば、いくつかの親の会やフリースクールがネットワークを組んで取り組む場合もあるが、いずれにしても、親の会同士が協力し合って、会報やチラシを通じて、会員への案内や地域への広報等をしている。

不登校の親の会は、わが子の不登校をきっかけに、不登校についてだけでなく、自分自身のことや不登校の背景にあるさまざまな問題についても考えるようになる。「明石不登校から考える会」はその名称が、そのような親の会の活動の視点を象徴している。その会報には次のようにある。

> 7年ほど前、学校へ行けなくなった子の親と、教育問題や子育てを考える人が集まったのが、この会の始まりです。
>
> その時は「不登校を考える会」でしたが、語り合い、考え合い学び合うことによって、不登校を考えることよりも、自分自身の生き方を考えることの大切さに気付かされ、「不登校から考える会」と名称を変更しました。
>
> 最近は、行政の各種の支援を受け、講師を招いての講演会を開催することができるようになりました。一般の方々にも参加していただいています。例会にも、子どもが不登校であるなしにかかわらず、多種多様な方が参加されています。[引27)]

このように、不登校の親の会活動は一般市民とともに社会の意識向上の方向へと進んでいるといってよい。

②社会サービスの創出

前述のように、奥地圭子を中心とした「登校拒否を考える会」「登校拒否を考える全国ネットワーク」による社会運動[36]をはじめとして、民間施設への通学定期の獲得、不登校対策の提言等）や「大阪府の不登校対策を考える市民連絡会」による抗議活動[37]、また、「登校拒否・不登校問題全国連絡会」による活動[38]など、現在まで親の会は多くの社会運動を展開してきた。これらはその時々の国や地方行政の不登校に対する意識を変革させ、制度や対策の進展にあずかったことは否めない。不登校についての、数々の社会サービスを創出してきたといってよいのである。これも前述したが、文部科学省に、親の会に学べとまで言わせたのである。

このように、公と民の不登校観の再構築に親の会の果たす役割は大きい。

なお、親の会のようなセルフヘルプグループには、専門職による援助を問い直すなど、専門職への教育という役割があるとされる[39]が、親の会による専門職の意識改革については、不登校の場合は、まだまだ専門家と親の会との連携が薄く、今後の課題とされる。

3．親の会活動の意義

3－1）「親が変わると子どもも変わる」ということ

ここまで、親の会活動を通して、親たち自身が子どもの気持ちを理解し、価値観を転換し、自己変革し、自己を肯定して新たな自分の生き方を見つけていくことをみてきた。

次に、このように親の会活動を通して親が自己変革をすることで、不登校の子どももまた変わるといわれていることについてみていきたい。

①親が元気になるということ

ひとくちに「親が元気になれば子どももまた元気になる」といわれているが、これについてはすでに、多くの親たちや相談所の専門家などが経験的に認めているところである。たとえば、奥地（1983）は次のように述べている。

希望会（親の会）に参加することで、私たち親自身が変わっていきました。いままで「どうして学校へ行かないんだ」「なんとかして行ってほしい」、それぱかり考えていた親から、子どもが学校を拒否したという事実を率直に受けとめ、「学校には行かなくていい」と冷静に考えられる親に変わっていったのです。親が変わることによって、子どもも自分らしさをとりもどし、平静な生活ができるようになっていくのでした。[引28)]

また、奥地（1989）は自身の体験を次のように言う。

子どもが外に出られるようになったもう一つの要因は、私が、自分の子どもが登校拒否であることを外の大勢の人たちに語れるようになったことでした。それまで私は、教師としてのひけめがあり、わが子の登校拒否のことを人に話すことはあまりなかったのです。（中略）しかし、少しずつ登校拒否がどんな問題なのかわかってくるにつれ、もっと皆の問題として考えあっていく必要を感じて、どんな会でも、「うちの子、登校拒否で……」と話しはじめました。

その時期と、息子が外へ出た時期が一致しています。親が、自分の子どものことをだめだ、だめだと感じているときには、子どもはあまりよい状態にはならないのです。自分の子どもを親が自信を持って語れるようになると、子どももふっきれていくようです。[引29)]

そして、奥地（1983）は次のようにまとめるのである。

子どもによって親が変わり、親が変わることによって子どもが変わる、つまり、親ははじめから親であるのでなく、子育てのなかで親になることを私たちは実感しました。[引30)]

また、酒井（2005）も

保護者自身が心理的に安定すると、保護者に潜在していた子どもへの適切な関わりの力が次第に引き出され、子どもの症状の改善を見ることは稀ではない[引31)]

と指摘している。

つまり、わが子の不登校によって、親は価値観や今までの自分の生き方を変えさせられる。そしてその自分を自己肯定し、心理的に安定するようになると、わが子の今を受け入れ肯定することができ、子どもへの対応も自然と適切なものとなる。すると子どもの状態も安定してくるというのである。

②親が主体的に生きるということ

さらに、中田（2009）も、

> 障害児は健常児の劣位に置かれたり、いじめられたり、からかわれたりする。そのとき、子どもは自らの工夫と知恵でくぐり抜けていくほかない。（中略）子ども自身がそうした事態に対処できるようになるためには親自身が主体性をもって生きているかどうかが問われる。親が権威ある人や社会に遠慮したり迎合したり依存している限り、子どもが自己を肯定して社会からの否定的な見方に対決していく力は育たないことをSHGで学んでいく。このままの自分では子ども自身を卑下させてしまうと気づき、変革を遂げていくのである[引32)]

と述べている。

その他、小野（1992、2000）も「母親が多くを学んで変化できるきっかけとなり、それによって子どもが楽になれるという仕組み[引33)]」と言い、石井（1998）[40)]も親が変わることによって子どもが変わることを指摘している。

ただし、子どもは、親が親の会等の活動に参加することを初めはあまり歓迎しないことが多い。したがって、最初の頃は、多くの親たちは親の会に参加するとき、子どもに隠れて、あるいはうそをついて出かけてきたりする。「あちこちへ行って、私の悪いことをふれまわっている」とか、「入れ知恵をされてきて、私に嫌なことを押しつける」とかいう理由で、子どもが親の参加を拒否することが多いからである。

③世間体を捨てること

しかし、親が子どもの反対を押し切って、あるいは子どもに隠れて、親の会につながっているうちに、親の会に参加したあとの親の態度、言動が変わり、親の、子どもからの自立が始まり、子どもにとってそれが好ましいものに感じられるようになると、やがて子どもも変化する。母親たちはいつのまにか、「子どもは親の思い通りにはならないもの」「世間体と親の都合を捨てたら、子どもに何もいうことがなくなった」「親が子どものことを忘れたら、子どもは動き出す[引34)]」ということを見出すのである。

親たちの述懐にも次のようなものがある。

・親の会に出かけると告げると渋い顔をしていたこどもが、数回目には元気に送り出してくれるようになった。きっと親が元気な顔で帰ってくるのが嬉しかったのでしょう。こどもは親の嬉しい顔を見たいのです（筆者のアンケート調査の自由記述より）。

・家に帰ってから息子に「つどい（本論１－１）②に記述した登校拒否・不登校問題全国連絡会が主催する『全国のつどい』)」のことを「なぜそんなところに行くの？」と聞かれて、しばらく考えた私は「楽しいから」と答えました。結局のところ息子は、「お母さんが楽しかったらいいや」と言いましたが、その言い方には私への「思いやり」や「いとおしさ」や、そして「許し」がこめられていると思いました[引35)]。

これを子どもの側から表現したものをみてみよう。現在は親の会の世話人をしている、かつての不登校経験者の言である。

親同士が本音でいろんなことを語り合える場がこの「会」(親の会)だと思うのです。実際、私の母は、あふれる思いをとめどなく吐き出し、それを聞いてもらう・受けとめてもらうことで、とても穏やかな気分で家に帰ることができたみたいです。ほっとしている親を見て、私は自分がほっとしていることに気づきました。親がありのままでうけとめられている＝自分がありのまま受けとめられていると感じていたのだと思います[引36)]。

④親が子どもを本心から認めるということ

同じく、当事者の述懐に次のようのものがある。

親はぼくに、口では学校に行かなくてよいといいました。しかし、そ

> れが本心でないのはすぐにわかります。（中略）
>
> 親がこのような（不登校の）勉強を始めたとき、ぼくはとても不安でした。（中略）そしてこのような行動で一番いやだったのが、親がこのような行動を全部、ぼくのためにやっていたことでした。親が集会に行くのも、本を読むのも、親自身が情報をほしいから、興味があるからではなく、全部ぼくのためなのがつらかったです。（中略）
>
> 親が勉強するのも、ぼくの今の状態をよいと思っていないからで、親が勉強すればするほど、「そのままじゃダメなんだよ」といわれている気分になりました。（中略）
>
> 今は家にいて、ゆっくり休みたい、親はもう少し子どもを信頼し、そっとしてほしかったです[引37)]。

つまり、親がわが子の不登校の初め、まだ不登校が何であるかをよく理解せず、心配のあまり何とかしようと焦っている間は、子どもも不安にかられており、親を信じることができないという様子がよく分かる。ところが、事は次のように展開していく。

> ぼくが学校に対して、吹っきれるようになったのは（学校に行かない罪悪感が吹きとんだのは、自分の状況を把握し、自分がなにをしたいかを考えたとき、東京シューレが一番合っていると感じ、生まれてはじめて自分の道を選択した、と説明したうえで）、ほかにも理由があります。そのなかで一番大きかったのが「親」です。ぼくにとって親は、一番身近な存在でした。
>
> その一番身近な存在に、今の自分の状態を認めてもらえないことはつらいことでした。親は、口では好きなようにしなさいといっていましたが、それが本心じゃないことぐらいわかります。家にいるよりはシューレに行ってほしい、シューレよりは学校に。（中略）
>
> でも親も、シューレに入ることにより変わりました。シューレの親同士でつながりあうようになって、それから考えが問いなおされたようです。徐々に、ぼくのことを認めてくれるようになりました。学校がダメ

とか不登校がすばらしいではなく、その子らしく、その人らしく生きることを感じはじめ、ある日ぼくに、「あなたらしく、田中健一として生きてください（中略）」といってくれました。

自分の一番身近な人が「あなたらしくていい」といってくれ、認めてくれたのです。

これは非常に大きく、すごく安心しました。[引38)]

以上の、何人かの親や子どもたちの述懐をみると、子どもの一番身近な存在である親がまず子どものありのままを受け入れ、認めることが、どれほど子どもの安心につながるかが理解できる。子どもはまず一番に親に本心から分かってもらい、認めてもらえなければ次に安心して動くエネルギーが出ないだけでなく、ますます自分を否定し、絶望感に陥っていくのである。

逆にいえば、親が社会の既成の価値観から離れ、子どもを見守り応援しながらも、自己の主体性のもとに自分の人生をいきいきと生きていくようになったとき、子どもは子どもで、自分のありのままの生を生きていく基盤ができるということである。不登校の子どもへの親の理解・受け入れ・対応がもっとも重要であり、まずは家庭が子どもの心地よい居場所とならねばならない。親の変化と子どもの変化は密接につながっており、その意味で親こそ子どもの一番のサポーターなのである。

⑤　子どもはどう変わるか

親の変化によって子どもがどのように変わるかに関しては、松本（2001）の、「親が『親の会』へ参加して、相互交流をしていく中で、『不登校』児にいかなる変化が生じているか」についての、アンケート報告がある。すなわち、

「性格・生活態度の積極性」については、「増えた」「どちらかというと増えた」を合わせて、「心の落ち着き」が81.2％と最も多く、次いで「自己主張」が77.9％、「明るさ」が71.4％、「趣味の活動」が63.4％と続き、内面的安定性及び積極性、生活態度の積極性が生じていることがわかる。これは、自己受容の一局面を反映したものであると考えられる。

また、「社会生活への積極性」では、「外出」が最も大きな変化となっており、「増えた」「どちらかというと増えた」を合わせて、67.0%である。しかし、「先生との関わり」が37.3%、「学校への関心」が33.1%であり、学校関連の対人関係に関して、変化が小さい傾向となっている[引39)]としている。この数字からみても、やはり子どもたちは、親が親の会から獲得した心理的安定によりまず安心感を得、次に自己否定から脱却して少しずつ自己肯定感を取り戻しながら、学校とは距離をとりつつ、外の世界へ動き始めるという過程が窺われるのである。

3－2）親の会活動の意義

以上から、ここで親の会活動の意義についてまとめておきたい。

専門家による親支援は、あくまでも子どもの状態を改善することに主眼があり、「親が変わらなければ子どもは変わらない」として親に態度変容を強要することもある。それに対し、親の会の対象は親そのものであり、親自身が子どもとのかかわりのなかでどのような思いでいるかを語ることによって、親自身が会員に受容される。そして、前述の「親が獲得するもの」でみてきたように、親たちは親の会活動のなかで揺れつ戻りつしながらも徐々に自己変革し、主体性に富んだ生き生きとした自分自身の生き方を見出していき、より深い子どもへの洞察と自信と広い社会意識とを獲得する。これが親の会活動の意義の一つ目である。

二つ目は、そのように価値観を変革し、自立した親の理解のもと、子どもたちもまた「今のままの自分でよかったのだ」という安心感つまり自己受容を手に入れ、自分の不登校を受け入れ、学校に行く行かないを乗り越えて、自分らしい生き方を自分で選択して生きていくようになることである。学校に戻るにしても、意識的に学校に行くという生き方を選択してのこととなる。いいかえれば、親の会活動に参加し、仲間から受容されることによって親の自己受容・自己変革が実現し、その自己受容・自己変革した親から受容されることで子どもの自己受容・自己変革も実現していくというコースが見えてくる。

親の会活動は、子どもを元気にさせることを直接の主眼としている会ではない、つまり、親の会は親を対象にした親のためのものであって、子どもをどうにかしようとする会ではないにもかかわらず、親が受けとめられ変わることで子どもも変わる、親が元気になることで、結果として子どもの変化にまでつながっていくのである。親の会活動は、間違いなく奏功した間接的不登校対策の一つになっているといってよい。子どもの一番の援助者は親であり、その親の一番の支えとなる親の会活動の意義もまた大きなものがあるのである。

すなわち、繰り返すことになるが、現在まで文部科学省をはじめとし、実に多くの不登校対策が大金を投入して実施されてきた。しかし、その対策が奏功しているとはまだまだ言いがたい。不登校になった子どもたちと直接向き合い、子どもの気持ちを受け入れるのは親であり、その親の会に学ぶ必要がある[41)]とまで文部科学省に言わせた親の会の存在意義は大きい。上に述べたように、親の会の活動は、結果として、間接的に不登校対策の一つとなる。しかし、それは「一つ」ではあるけれど、不登校をするとき、家庭の、子どもを受け入れる対応がもっとも重要であり、まず家庭が心地よい居場所となるべきであるならば、親の会活動は、直接親のあり方を支えているという意味において、不登校対策の、非常に大きな意義を持つ「一つ」であるといえる。

親の会活動の三つ目の意義としては、運動体としての意義である。これは、対症療法ではない、不登校の根本に立ち返った課題への取り組みであり、具体的には、①不登校の要因となる、社会通念となっている学校至上主義を社会から排すること、つまり社会の組織・構造の変革につながること、②不登校を否定的にとらえる社会の偏見を変えていくこと、③不登校に関する行政施策に提案することなどの役割を果たしていることである。このうち②と③については、ネットワークを組んだ運動を通して、遅々たる歩みではあるが、確実に成果を上げつつある。しかし、①の社会通念については将来の日本の人々の生き方・社会や教育のあり方と絡んだ大きな課題であり、苦悶しているのが現実である。

しかし、親の会が例会のみでなく、学習会や居場所づくり、他グループとのネットワークづくりなど、さまざまに活動内容を広げていくとき、親たちの能力がさらに開発され、自己変革が促進され、親の会活動も活発となり、親の会活動の意義が何倍にも増幅されることを、もう一度確認しておきたい。

4．親の会活動の課題

4－1）会員数の減少

筆者のアンケートにおいても、「不登校数は大きく減少してはいないのに、親の会の会員数が減少傾向にあり、例会に一度来ても再び来ない、続かない」ということを課題の筆頭として挙げるものが多かった。また、筆者が参加したいくつかの親の会の例会でも、これが話題に上ることがあった。[注42)]

たとえば、「学校に行かない子と親の会・大阪」では、1990年代前半、会報を毎月400〜500通送っていたが、現在は150通前後という。また、例会の参加者も毎月50人ほどあったが、現在は10数人前後である。「登校拒否を克服する会」では、会報を隔月に1000通以上郵送していたが、今は700通という。

不登校の子どもが再登校を始めたり、社会的自立をしたりすると、親もまた不登校を過去のものとして親の会を卒業していくことがあるが、その抜けていく親の数を埋めるだけの新しい会員が増えない。たとえ例会を覗きに来る人がいても続かないのである。

ちなみに、「大阪教育文化センター」の「親と子の教育相談室」（2012年度より「NPO法人おおさか教育相談研究所」に名称変更）の、1985年度から2003年度の年間ののべ相談回数の推移、および2001年度から2009年度の学齢別ののべ相談回数を図６、表２に示した。

年間の相談回数は、年度によって増減があるが、やはり1990年代前半にピ

図 6　「親と子の教育相談室」の年間のべ相談回数の推移

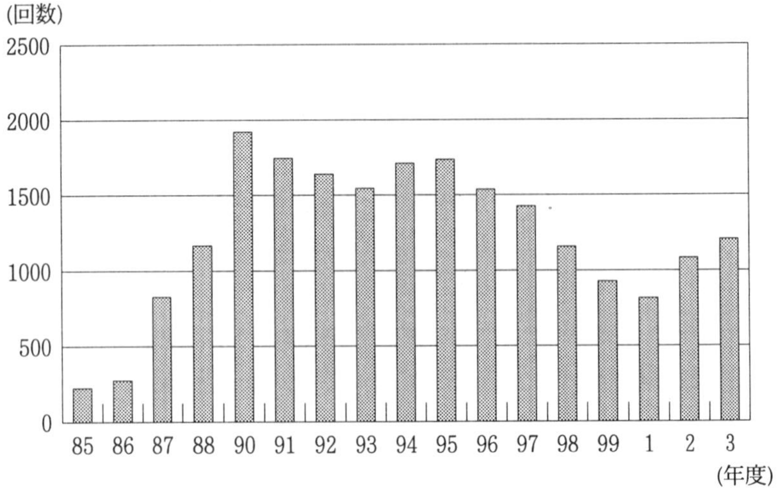

表2　「親と子の教育相談室」の学齢別のべ相談回数

	小学生	中学生	高校生	高卒以上	総計
2001	62	214	198	335	809
2002	110	317	271	364	1062
2003	143	297	283	472	1195
2004	111	241	227	578	1157
2005	142	289	314	646	1391
2006	50	293	245	675	1263
2007	73	321	314	776	1484
2008	80	307	202	786	1375
2009	73	186	302	822	1383

[出所]「親と子の教育相談室」よりの資料にて筆者作成

ークがあり、2002年から再び増加の傾向にあった。そして再び、2007年度を第２のピークとして、やや減少傾向にある。ただし、90年代は小・中学生が大半であったが、2000年代半ばから高卒以上（青年）の相談が急増している。社会的ひきこもり問題の切実さを示しており、今後ますますの若者支援が要請されるところである。

不登校が減少したわけでもなく、むしろ社会的ひきこもりの急増にもかかわらず、親の会の参加数の減少は、たしかに、スクールカウンセラーや適応指導教室、公や民間の教育相談所、街の心療内科等、親が相談に出かけることができる機関が増えたことで、親たちが親の会をそれほど求めなくなったことは間違いない。しかし、それだけでは片付かないいくつかの要因が考えられる。順に挙げてみよう。

①　不登校の一般化

1992年に文部省（当時）の見解が出されて以来、「不登校は誰にでも起こる」「登校刺激を与えない方が良い」「不登校は学校に起因するものだ」などの見方が社会に広く流布してきている。また、それとともに不登校の数が増加し、特に中学校では１クラスに１～２人の不登校生がいる。これらは不登校の子どもと親の、学校へ行かないことに対する罪悪感や自責の念を薄めることとなる。

親も子どもの不登校をあまり心配しなくなり、何とか登校させなくてはという気持ちを抱くことが比較的少ない親たちが増えている。「放っておいてよいのだ」という感覚から、子どもの不登校に危機感を感じず、したがって相談機関を求めて走り回ることもなく、不登校についての学習もしない。かといって、学校へ行かない生き方を積極的に肯定するのでもなく、「そのうち行くようになるだろう」とか「学校へ行かなくても高等学校卒業資格認定試験もあるし、塾へいってもよいし、学びたくなったら学校へ行けばよい」と、特に困っていないのであるから、親の会に集うこともないのである。また、子どもも家にいてもパソコンやテレビ、ゲームなどがあって楽しく退屈しないという居心地のよさのため、外に居場所を求めることもない。

生活に追われ、仕事の方に向いていて、子どもと話し合ったりする余裕がなく、放任しているつもりはないが実質そうなっているということもあるかもしれない。しかし、次の②の親とともに、親は子どもの不登校から学ぶ機会を失っており、子どもの力を借りて自らの価値観を問い返し自己変革していく作業はないといってよい。

② 親の多様化

小林（2003）は、次のように書いている。

> 心情が通いにくい保護者、あるいは自己中心的で幼い印象を受ける保護者が増えたようである。（中略）
>
> 現在、40歳代の半ばになるこの世代以降の保護者は、子育てを始めとして、物事にとりくむ上で、自分中心に動く傾向が強いように思われた。自分の生活、情緒を第一と考え、自分の権利を主張して止まない（中略）。子どもから一定の距離を置いている保護者もいて、友人のような関係を子どもに求めている（中略）。
>
> それは、高校以降の青年文化の中で培われた独特の「私事化」の価値観が背後にあるように思う。自分の人生を楽しむ、それは望ましいことである。だが、他者を生かさない形で自分の楽しみを追求する人も増えた[引40)]。

現在、親のエゴで町の子ども会が成立しないことに象徴されるように、他の親たちとのつながりを煩わしく感じ、連帯したくない、一人がよいという親たちが出てきている。用事はメールや電話でやり取りし、集うことを必要とせず、希望もしていない。例会に何度も出かけて、その積み重ねの上で仲良くなるなどということはめんどうであり、たとえ相談に行っても、聞きたいことだけ聞いて、早急に結論や結果を得たがる。つまり、親の会では、子どもが動き出して自立するまで長期間かかることが言われるが、このタイプの親は一度例会に出かけても、「そんなに待っていてどうなるの、今の変化がほしい」「何も教えてくれない」といって次回からは来なくなるのである。

筆者のアンケートにも、親の会の世話人がその悩みを表現したものがあった。

> 親自身に大いに問題のあるお母さんも実は多いです。子どものまんま（というより、子どもの時にしっかり子どもができなくて、大人になってから子どもをやっと今やっている）のお母さんが多いのは事実です。そのあたりの解決というか、親がまず、自分がどう生きるのか、という「自分育て」をしっかりしてからでないと「子育て」にならなくて…。（中略）自分のことを、かくしとおして、「子どもだけ、どうにかしてくれよ…」という、たよりきったような親御さんが多いのも事実なので。
>
> （親の会は）他の人のことを批判したり、非難しないことがベースなのだけれど、どうしても、自分が不安のかたまり、というような方が存在して、まわりを攻撃したり、ふりまわす、ということがよくあります。そのあたりをどうするか、というのがしんどいところかな？　と思います。

これは次の③の運営上の問題でもあるのだが、こういう他の親から学ぶことができない親の増加は共感や連帯につながらず、親の会の維持に困難を与えることになる。

また、親の会自身が、自分たちだけでやっていけばそれでよいとして、親の会のネットワークに入らないという現実もあるのである。

③　親の会の運営上の問題

会員数がふえない、一度参加しても続かないことの原因に、会の運営上の問題があることもある。

たとえば、参加者にとって居心地のよい雰囲気であることが何よりも大切であり、そこでは何を言っても心配がなく、しかもそれの受容体験がなされねばならない。今までしてきたことがたとえ間違った方向であったとしても、とりあえずはねぎらいが必要であり、また、会の少数の世話人だけが熱心に活動しリードするというのではなく、多くの世話人によって運営され、さらに多くの世話人を育てあげる雰囲気が必要である。つまり、世話される人、世話する人の区別のない、全員が対等で自主的な参加ができる会が要請される。

そしてその際、「多数決の原理」でなく、話し合いに時間を十分かけて、全員一致の合意をつくることが理想である。「合意づくり」は、議論に負けたという感覚をなくし、会員全員が自分の考えが受け入れられたと思えるからである。筆者が参加した親の会はいずこも当然のこととして、これを実行していた。

さらに、②でも触れたが、個々の会員の個性がぶつかることもある。双方の思いを理解する、包容力のある個性をもった調停をする人が必要であるが、現実にはなかなかうまくはいかず、混迷を深めることも多い。貴戸（2004）は、ピア（仲間）とみなしていた人との対立は通常の人間関係でもたらされる裏切りや無理解よりも、もっと深い傷となる可能性があることを指摘している[43)]。

また、広報の不足という問題もある。親の会は、会報や会の案内を図書館や文化会館など、公共の人が集まるところへ置いたり、教育委員会へ届けたり、例会の開催日時などをメディアに連絡したりなど、さまざまに広報には工夫を凝らしている。新聞に掲載された時などは、急に例会参加人数が増えることもあるが、それはまたそのとき限りであるから、恒常的に広報には気配りをしているのである。いったん会につながると、「もっと早くこのような会を知りたかった」[引41)]という声が多いが、一般的には、親の会の存在を知られることは少なく、わが子が不登校になって初めてその存在が目に入ることも少なくないし、知らないで過ごしてしまうことも多い。

また、筆者のアンケートにも、「ＰＲが必要」との記述が多くあった。

④　すべての親に100％の満足を感じさせることはできない限界性

大阪の「登校拒否を克服する会」における松本（2001）の調査によれば、

親の会に参加して「ひとりぼっちでなく、誰かに支えられていると思う」のは74.1%、「どちらかというとそう思う」まで含めると93.7%に達し、松本も「大部分の親が『親の会』への参加を通して子どもの『不登校』によって生じる疎外感から解放されていることがわかる」としている。また、親の会での人間関係がこれまでの人間関係と「違う」と感じている者が72.3%で、その「違い」は「共感しあえる」が「とても思う」「思う」を合わせて90.1%、同様に「ひとりではないと思える」が75.3%、「ほっとできる」が61.7%の順となっている。これについても、松本は「『親の会』への参加が、『共感し合える』という自己と他者の間で生じる『感情の共有』を生ぜしめ、その結果、『ひとりではない』『ホッとできる』という社会的孤立感からの解放が得られ（中略）、心的安心空間が確保された[引42)]」と述べる。

しかし、一方で、「ひとりぼっちでなく、誰かにささえられていると思わない」「わからない」が合わせて6.3%、「今までの人間関係と違わない」が19.6%、「わからない」が5.4%あり[引43)]、親の会に参加した親は大部分が満足しているが、100%ではないことが分かる。これは親の会にもそれぞれ個性があり、個人によっては合う合わないが生じることはやむを得ず、違和感を感じる親たちは自分に合う会を探していくことになるのである。

以上、親の会に新しい会員がふえないこと、一度来ても続かないことについてみてきたが、親の会を主催する河地（1998）は会員数の減少のメリットを次のようにいう。

> 会合への参加人数は急激に減っている。1年目は60〜90人、2年目は40〜60人、4年目からは20〜30人。参加者が多いとその人数に圧倒され、（中略）構えてしまって、自分の気持ちに向きあえないという状況になる。お互いが向き合って一人ひとりじっくり話を受けとめるには、それなりの適切な人数があるのだろう。（中略）
>
> 参加者が少なくなったことで、それぞれが親たちの話に耳を傾けるゆとりができつつある。参加者の減少は、悩みの細分化・個別化という状況を生んでいたが、一方では、お互いが一人ひとりに向きあえる時間と、

気持ちの余裕をもたらせているのかもしれない[引44)]。

つまり、例会で全員がゆっくり体験を語りあい、心に響く「わかちあい」が行われるためには、適切な人数があるということである。

4－2）その他の課題

① 社会変革―運動体としての活動

不登校の親の会は、全国的ネットワークを組んで、社会への不登校理解の浸透と行政への政策的提言等を行って、学校信仰に侵された社会の変革を目指している。しかし、現実に会員一人ひとりの社会変革への意識は高いとはいえない。筆者のアンケート結果の図4にもあるように、親の会の活動内容で「自治体などへの働きかけ」を挙げたのは、複数回答で14.3%しかなかった。親たちが親の会に期待することは、やはり先ずは自分の話を聴いてもらって鬱屈した心を解放することと、目の前のわが子への対応の仕方の情報をもらうことであった。

社会の制度や状況に批判的ではあっても、社会変革への挑戦を現実に移すのはなかなかに困難である。

② 父親の参加

ここ数年、父親の例会参加や、教育相談に揃って来談する両親も急激に増えてきてはいる。また、親の会によっては、たとえば京都の「おきらくパルプンテ」[44)]のように、4組の夫婦でスタートしたところもあったが、しかしまだほとんどの親の会は母親が中心となって活動をしているのが現実である。筆者のアンケートの回答者も93.5%が母親であった。「できれば両親が揃って親の会に参加できると、家庭内での風通しの良さにもつながり、子どもにとっても良い[引45)]」のであろうが、一般的に父親の参加は難しい。

これについては、松本（2004）が「母親が親の会で培った新たな価値体系と父親の既存の価値体系との闘争[引46)]」として触れているが、筆者は、不登校を否定的に捉えるスティグマが纏わりついている間は、社会の既存の価値観のもとにいる父親の参加は難しいのではないかと考える。

③後継者不足

子どもが元気になり社会的自立を果たした後も、親の会を退会しないで活動を続けている親がかなりの割合でいることが、図3からも分かる。

しかし、それは逆に、会の後継者が育ちにくいことにつながりかねない。親の会も設立後、10年〜15年経つうちにメンバーの固定化と高齢化が進んでくる。会の活動の若い人への移行の必要性は常にいわれながら、新しい会員が増えないなか、小規模な会はやがてその世代限りというところも出てくるにちがいない。また、会の中心的な立場にいる世話人は頼られると頑張って無理をしてしまい、なかなか人に任せることができない。この後継者をつくる問題は会の発展方向とも絡んでの難問である。

5．親の会活動の今後の方向

不登校の親の会活動の今後の方向として、ボランティアや支援者だけでなく、地域の一般市民をも巻き込んだ市民的活動がある。

そもそも、何らかの生きづらさをかかえる子どもを持った親たちの会の最初のものは、日本では、1952年に結成された「精神薄弱児育成会」（当時。現在の「全日本手をつなぐ育成会」）であった。その後、セルフヘルプ・グループは、1960〜1970年代の反戦運動や消費者運動、環境保全運動などといった市民運動、なかでもとりわけ、重度身体障害者の、自らの生活主体者としての人権保障を主張した自立生活運動や、女性という性別に起因する差別不平等から解放され、自分自身の主体性や意志を尊重して生きるための社会改革を主張するフェミニズム運動と呼応してきた[45)]。

そして、日本の親の会の多くは、1970年代に結成されている。不登校の親の会は1980年代後半から1990年代前半にかけて多く結成されたが、それまでの市民運動と呼応してきた、他の分野の親の会活動の発展に影響されてきたことはいうまでもない。その後、小規模の不登校の親の会は、多くが結成・解散を繰り返しその数を知らないながらも、前述の二つの全国ネットワークが組織され、いくつかの地域のネットワークも活発に活動している。[46)]

このネットワークの活動は、親の会の運動体としての活動の方向を示すものと考えられる。すなわち、不登校の子どもたちが自己決定権をもって社会参与していくだけでなく、親の会がネットワークの力で、市民に主体性を取り戻す、市民の社会参与権をひろげる市民運動を展開する方向が模索されてきている。たとえば、「NPO法人　ネモ　ちば不登校・ひきこもりネットワーク」の案内には、「NPO法人　ネモネットの目的」として、

ネモネットは、社会に新しい生き方を創ります。

・コミュニティビジネスやまちづくりによって、居場所づくり、働く場づくりを実現し、社会の新しい仕組みづくりを目指します。

・地域の産業（商店街・農業・漁業など）、大学、行政と協働して、不登校・ひきこもりに関する政策実現を図ります

とある。ネットワーク組織が、単なる情報交換にとどまらず、さまざまな事業や企画を行い、親たちの学習が教育問題や女性問題、市民権学習へと発展していき、地域づくりへと展開していく可能性を示している。

また、ネットワークは組んでいないが、個々の取り組みとして、たとえば、弁護士であり、金沢市で親の会活動の代表でもある多田元は、1989年、不登校の子どもとその親の居場所を設けていたが、「繁華街のビルの一室を新たに借り受けた今後は、組織化を推し進め、不登校関係のみならずボランティア系の市民団体に広く部屋を開放し、常時開いている市民の『居場所』として、新しい方向性を模索していく」[引47)]とした。

さらにまた、親の会「ふきのとうの会」の大谷の、不登校の親の会と子どもの居場所および若者の居場所を自主的に自由に行き来し、子育て支援も視野に入れる構想もまた同じ方向に向かっていると筆者はみる。

親の会ではないが、不登校の子どもの居場所についても、対象を不登校に限定しない傾向が見えてきている。埼玉県所沢市にある「バクの会」は、不

登校の子どもたちの息抜き、あるいは出会いの場を提供することを目的として1987年、草の根的な市民活動によって設立された民間フリースペースで、当初利用者は市内の不登校の中学生が中心であった。しかし、「線引きをせず、どんな子も（大人も）受け入れる」「ここを必要とするすべての人の場である」という方針の下、やがて登校をしている中学生や、養護学校へ通学している子ども、障害や病気のため他者と接する場を持てずにきた子どもや大人なども参加するようになり、他県から来る子どもも見られ、土曜日など多い日には数十人の参加があるという。サポートするスタッフは20代から70代までのさまざまな職業、経歴をもつ人々で、全員ボランティアの由、子どもの要望に応じて各自の得意な技能を提供し、子どもたちがそれを楽しみながら学んでいくという[47]。

また、小川（2004）も、子どもの居場所について、

> 2003年４月に設立された当事者グループＡは、（中略）当初参加は障がいや不登校などの課題を抱える子どもに対象を限定していたが、設立過程において「だれでも」参加できるとした（中略）。
>
> 「対象を限定しない」効果として①子どもだけでなく、参加者も社会的な立場や役割に関係なく一人の人間として自由な参加を可能にしていること、②当事者だけでなく行政や地域住民の主体的な参加と協働を生み出していることが明らかにされた[引48]

と報告している。

以上いずれの例も、親の会活動が、例会等の活動とともに、特に居場所づくりの活動において、社会変革を目指した運動体として、不登校の子どもだけでなくすべての子どもを対象として、不登校の親も支援者も一般市民も巻き込んで、子どもと大人の人権を考え、日本のこれからの教育を、社会を考えていく市民活動の方向を示唆している。市民の盛り上がった力があってこそ、人々の生きやすい社会が形成されるであろう。その歩みは遅々としているかもしれないが、間違いのない方向であるにちがいない。なぜなら、不登校はすべての子どもと大人の生きにくさを象徴する社会現象だと考えるから

である。

なお、このような親の会活動や居場所活動の方向を受けて、行政も少しずつ変化してきていることを付記しておきたい。すなわち、2003年7月神奈川県川崎市にオープンした「子ども夢パーク」内に日本初の公設民営のフリースペース「えん」が開設された。「子ども夢パーク」全体を管理・運営する川崎市生涯学習振興事業団の委託を受けて、NPO法人「たまりば」が直接の運営に当たっている。年齢、不登校や障害の有無に関係なく、非行傾向のある子どもや、さまざまなハンディのある子ども、虐待を受けている子ども、ひきこもりやニートと呼ばれる人まで、多様な背景をもつ子どもたちすべてを無料で受け入れて、地域で育ちあう場となっている[48]。

また、栃木県高根沢町では、教育委員会が、学校復帰を目指さない公設民営の適応指導教室であるフリースペース「ひよこの家」を2003年9月に開設した。「重要なのはどこで学ぶかではなく、何を学ぶかだ」という町長のコンセプトのもと、新しい仕組みを考えたという[49]。

今後、このような方向が市民の中で公認されて、不登校の子どもたちにスティグマなくさまざまな生き方の選択肢が広がることを願うものである。

おわりに

国や自治体により、現在まで数々の不登校対策が試みられてきた。しかし、現在までの不登校対策は、学校復帰を目標とした、現象への対症療法であり、不登校の数値を減らすことに焦点が当てられ、不登校が起因する根本に立ち返った対策とはなってはいなかった。不登校児童生徒の数は増加の一途をたどり、この子どもが不登校になったとき、原因は何であれ、その後の家庭の対応が重要であると考え、本論では、不登校の子どもとともに生きる親たちを支援する活動として、親の会活動に注目して、不登校対策の一つの方向をさぐってみた。その結果、以下のような、不登校の子どもの親の会活動の意義が明らかになった。

まず、例会等の通常の親の会活動から、親たちは多くのものを獲得していた。すなわち、親という同じ立場の、同じ悩みをもつ仲間から受け入れられることによって、自分自身のありのままを受容できるようになり、互いの体験のわかちあいから、不登校とは何かを理解し、子どもの気持ちを知る。そして子どものありのままを認めることができるようになり、自分の今までの生き方を見直し、既成の価値観の転換をはかり、エンパワーメントしていく。それはすなわち、子どもを見守りながら自分の人生をいきいきと生きていくことを獲得することである。そこにはもちろん簡単には表現できないできごとや、心の動揺、迷いがあるに違いないが、しかし、少なくとも親たちは親の会のわかちあいを通して共に生きていく力を得ていた。

次に、このように親が子どもの不登校状態をありのままに受容することによって、子どもは学校へ追い立てられることなく、家が居場所となり、2次的症状を出さずにとりあえずゆっくり休むことができるようになる。学校へ行かない自己否定感を少なくとも増大させずにすみ、親は見守りながら、子どもの自己回復力を待つことになる。家庭でゆっくり受け入れられた多くの子どもは、やがて自分の道を自分で見つけ決定していく。親に真に受容されることが子どもの自己肯定感を取り戻す一番の基盤となるのである。

親の会は親のためのものであるが、その親の会活動によって、親が自己変革し自分の生き方を発見することで、子どもは子どもで自分の道を主体的に見つけていく余裕が生まれる。子どもの一番身近にいて、子どもの一番の援助者が親であるとするならば、親が親の会で元気になることが望ましい。さらに、親の会は運動体として、対症療法でなく、不登校を否定的にみる社会の偏見をなくすべく社会変革にも取り組んでおり、多くの不登校対策の中で、親の会は大きな機能を果たしているといえる。親の会活動は、不登校対策の基盤をなす重要な活動の一つである。

この意味において、親の会活動は、不登校の対応に大きな手がかりを与えてくれており、今後の不登校対策の一つの方向性を示している。これをふまえて今後の施策が見直されていくことを主張したい。

すなわち、具体的には、不登校解決の一つの方策として、直接子どもそのものを対象にするのではなく、親を対象にし親支援を図ること、特に親を不登校の親の会につなぎ、親の会を支援することである。2003年の不登校問題に関する調査研究協力者会議の報告にあるような「『親の会』に学校の教員やスクールカウンセラー等が積極的に参加し、保護者の経験から学ぶ」というだけでなく、基本的な不登校施策として、親たちが親の会活動に参加しながら自己変革し、元気になっていくことを推し進めるということである。

最後に、では誰が不登校の子どもの親たちを親の会につなぐかであるが、これに関してはスクールソーシャルワーカーについて述べておきたい。

子どもの不登校の始まりにまず気がつくのは、親の次に学校の教員であるので、教員が一番に親の会を紹介すべきであると考える。しかし、現実の教員は、親の会の存在およびその意義を知らない場合が多く、教員から親の会を紹介されることは非常に少ない。また、スクールカウンセラーも校内の教員へのアドバイス、子どもへのカウンセリング等には従事するが、親を親の会につなぐ役目は果たしていない[50)]。

現在、スクールソーシャルワーカーがようやく配置され始めたところであるが、学校の内外において、教員や親、子ども、あるいは校外の関係機関との関係を調整し、つなぐ機能を果たす第三者がいれば、互いの関係の改善、子どもにとっては環境の改善に有効だと考えられる。たとえば、子どもが不登校になったとき、担任の教員と気持ちの行き違いがあったとしても、子どもも親も孤立しないですむであろう。親たちを親の会につなぎ、一人の子どもの環境改善を図り、卒業後も長期的に見守り支援していく、そのような役割を果たす第三者的存在のスクールソーシャルワーカーの設置が、2013年度には大幅に改善されそうであるのは、非常に喜ばしいことである。

ただし、スクールソーシャルワーカー・スクールカウンセラー・教員のいずれにしても、親の会の意義を充分理解・熟知したうえで、親を親の会へつなぐ機能をしっかり果たしてほしいと願うものである。

以上、不登校の子どもの親の会活動は、運動体として不登校現象が起こらない社会を広くめざすとともに、現実には、親を通して間接的に、不登校をしている子どもの自立を後押しし、不登校対策の役割を果たしているという、親の会の存在意義を検証しながら、不登校施策の一つの方向性について述べてきた。

このような親の会が発展して、親たちがますます元気に人間の生きやすい社会の変革に力を発揮していき、近未来に不登校の子どもの親の会についての研究が歴史研究のみとなることを願って結びとしたい。

注

1）小野修 2000『子どもとともに成長する不登校児の「親のグループ」』黎明書房 p.2

2）高橋良臣 2001「私がかかわり続けた、登校拒否・不登校の歴史30年」『立教社会福祉研究』21 立教大学社会福祉研究所 p.57

高橋良臣 1984「登校拒否児の『親の会』」『少年補導』第29巻第２号 1984.2.大阪少年補導協会 pp.10〜11

3）この会は1983年に「登校拒否児を持つ親の会」として親主導の会を創設した（広瀬まり2001「『登校拒否・親の会』の社会運動的位相―全国ネットワーク内の二つの『親の会』を中心に―」『情報文化研究』第13号2001.3. 名古屋大学情報文化学部・名古屋大学大学院人間情報学研究科 p99)。

4）西條隆繁 1988「父母の会としての取り組み」神保信一・山崎久美子『現代のエスプリ―学校に行けない子どもたち　登校拒否再考』250号 1988.5. 至文堂 p.136

5）高橋 1984前掲書 pp.10〜11

6）久保紘章 1998「セルフヘルプ・グループとは何か」久保紘章・石川到覚編『セルフヘルプ・グループの理論と展開―わが国の実際をふまえて―』中央法規出版 p.10

7）中田智恵海 2009『セルフヘルプグループ―自己再生を志向する援助形態』つむぎ出版 p.114

8）専門家と親の会との関係については、中田2009前掲書ｐ86〜128に詳しい。

9）「希望会」については、渡邊位1983「おとな社会への子どもの抗議」渡邊位編著『登校拒否―学校に行かないで生きる』太郎次郎社p.251、pp.264～266、および、2005.8.29 「登校拒否を考える夏の全国合宿2005in鬼怒川」でのパネルディスカッション「親の会の今まで、これから」における渡邊位の話を参考にした。

10）奥地圭子 2005「渡邊位さんに聞く」『登校拒否を考える会通信』第200号 2005.4.7.

11）東京シューレ編 2000『フリースクールとはなにか―子どもが創る・子どもと創る』教育史料出版会 p.5

12）以上、奥地圭子 2005「つながりあう事の大切さ」ブックレット編集委員会『ネモネットブックレット№1―出会っていく不登校・ひきこもりの旅―』ネモ ちば不登校・ひきこもりネットワーク p5～8、および貴戸理恵 2004『不登校は終わらない―「選択」の物語から〈当事者〉の語りへ―』新曜社 p55～57 を参照した。

13）『Ｆonte』344号2012.8.15. 全国不登校新聞社

14）大阪教育文化センター　2001.3.

15）運営要綱を決定して正式に発足したのは1990年６月となる

16）父親教室・進路・学校とのかかわり等

17）高垣忠一郎 2002『共に待つ心たち～スロー・イズ・ビューティフル～』登校拒否を克服する会 p7

この言葉は会のスローガン、モットーとして会の中でよく使われ、子どもへの対応の基本姿勢となっている。

18）山下英三郎 1988「登校拒否は治療の対象か　病理としてのとらえ方には異議」『朝日新聞』1988.10.24.「論壇」

遠藤豊吉 1989「登校拒否は病気か①病んでいるのは子どもではありません」『月刊子ども』1989.1. p.8～10

19）朝倉景樹 1995『登校拒否のエスノグラフィー』彩流社 p.72

20）以上は特に以下を参考文献とした。

朝倉 1995前掲書 pp.69～72

広瀬まり 2001「『登校拒否・親の会』の社会運動的位相―全国ネットワ

ーク内の二つの『親の会』を中心に―」『情報文化研究』第13号2001.3. 名古屋大学情報文化学部・名古屋大学大学院 pp.97〜98

奥地圭子 2005「不登校の歴史」『Ｆonte』164号2005.2.15.、165号2005.3.1.、166号2005.3.15.全国不登校新聞社

21) 1991年７月30日、広島県三原市の「風の子学園」において、14歳と16歳の少年少女が、手錠をかけられたまま炎熱のコンテナに閉じ込められて死亡した事件

22)『産経新聞』2005.8.19.

『Ｆonte』165号2005.3.1.、166号3.15.、167号4.1. 全国不登校新聞社

23)『読売新聞』2005.9.5.

24) 2004年10月15日、福井県の副知事が東海北陸ブロックＰＴＡ研究大会で、不登校の児童生徒について「不良品」と発言した（『朝日新聞』2004.11.2.)。

25)「登校拒否を克服する会　泉州地域交流会」例会でのことばより　2004.6.20.

26) 親の会「ホッとタイムin藤井寺」例会でのことばより　2004.7.13.

27) 同上 2005.9.12.

28) 親の会「登校拒否を克服する会　泉州地域交流会」例会でのことばより 2004.8.22.

29) 同上

30)「ホッとタイムin藤井寺」例会でのことばより　2005.2.14.

31) 親の会「ふきのとうの会」例会でのことばより　2005.5.8.

32)「登校拒否を克服する会　泉州地域交流会」例会でのことばより　2004.12.19.

33) 筆者のアンケート調査自由記述より

34)「登校拒否を克服する会　泉州地域交流会」例会でのインタビューより 2004.12.19.

35)「ホッとタイムin藤井寺」例会でのことばより　2004.12.13.

36) 病理説を掲載した朝日新聞への抗議活動（本論１－３）参照)

37) 本論１－３)参照

38)「子どもの権利条約」の普及活動や大教組と連携しての大阪府定時制高校

廃止反対運動等

39) 中田智恵海 2000『セルフヘルプグループ—自己再生の援助形態』八千代出版 p.164

三島一郎 1998「セルフヘルプ・グループの機能と役割」久保紘章・石川到覚『セルフヘルプ・グループの理論と展開—わが国の実践をふまえて—』中央法規出版 p.45

40) 石井守 1998『石井子どもと文化研究所開設十年　くるみ』p.18、p.27

41) 国立教育政策研究所生徒指導研究センター 2004『生徒指導資料第2集 不登校への対応と学校の取組について—小学校・中学校編—』ぎょうせい p.19

42) たとえば、2004.6.20.泉州地域交流会例会

43) 貴戸理恵 2004『不登校は終わらない—「選択」の物語から〈当事者〉の語りへ—』新曜社 p.299

44) 親たちが開設し、親たちと共に立命館大学の学生ボランティアが運営に当たっている子どもの居場所。秋元秀夫・渡邊佳代 2004「『おきらくパルプンテ』の試み」高垣忠一郎・春日井敏之『不登校支援ネットワーク』かもがわ出版 p201～219に詳しい

45) 中田智恵海 2009　前掲書 pp.48～83、p.161

46) たとえば、千葉県内の「NPO法人　ネモ　ちば不登校・ひきこもりネットワーク」(通称「ネモネット」)、関西の「ふりー！ すくーりんぐ」「大阪府の不登校対策を考える市民連絡会」など。

47) 菊地みほ 2000「地域における子どもの福祉的支援への視座—居場所づくりの実践に関する考察を通して—」『社会福祉』第41号　日本女子大学社会福祉学会 pp.196～197

48)「『居場所・考』暮らしあい 生きあう居場所　西野さんの実践に学ぶ」『ZERO—net Magazine』Vol.55　2005夏号

49)『Fonte』180号 2005.10.15. 全国不登校新聞社

50) 筆者のアンケート調査にも示されている。図1「親の会への入会のきっかけ」参照。

引用文献

1）西條隆繁 1988「父母の会としての取り組み」神保信一・山崎久美子『現代のエスプリ―学校に行けない子どもたち　登校拒否再考』250号 1988.5.至文堂 pp.134～135

2）山田潤 2002「『不登校』　だれが、なにを語ってきたか」『現代思想』第30巻第5号　2002.4.青土社 p236

3）山本耕平 2003「セルフヘルプグループのなかでの育ち」山本耕平・金城清弘編『助走、ひきこもりから。―共同作業所「エル シティオ」のいま』クリエイツかもがわ p.100

4）三島一郎 1998「セルフヘルプ・グループの機能と役割」久保紘章・石川到覚『セルフヘルプ・グループの理論と展開―わが国の実践をふまえて―』中央法規出版 pp.52～54

5）岡知史 1999『セルフヘルプグループ　わかちあい・ひとりだち・ときはなち』星和書店 p.82

6）中田智恵海 2009『セルフヘルプグループ―自己再生を志向する援助形態』つむぎ出版 p.37,p.42

7）朝倉景樹 1995『登校拒否のエスノグラフィー』彩流社 pp.69～72

8）奥地圭子 2005「夏の全国合宿開催にあたって」登校拒否を考える全国ネットワーク『登校拒否を考える夏の全国合宿ＩＮ鬼怒川』p.3

9）同上

10）広瀬まり 2001「『登校拒否・親の会』の社会運動的位相―全国ネットワーク内の二つの『親の会』を中心に―」『情報文化研究』第13号2001.3. 名古屋大学情報文化学部・名古屋大学大学院 p.108

11）国立教育政策研究所生徒指導研究センター 2004『生徒指導資料第2集　不登校への対応と学校の取組について―小学校・中学校編―』ぎょうせい p.19

12）宇留野房子 2003「不登校との出会い」全国不登校新聞社『親にできることって？―不登校新聞「わが家の場合」から―』全国不登校新聞 pp.57～58

13）岩田量子「いじめられる側が悪いの？」全国不登校新聞社『親にできることって？―不登校新聞「わが家の場合」から―』全国不登校新聞 p.64

14）登校拒否を克服する会「ならけん会報」第65号2004.9.11.
15）学校に行かない子と親の会(大阪)会報『ココナッツ通信』No.50　2003.6. p.5
16）山田哲也 2002「不登校の親の会が有する〈教育〉の特質と機能—不登校言説の生成過程に関する一考察—」日本教育社会学会『教育社会学研究』第71集 東洋館出版社 pp.32〜34
17）ふきのとうの会通信『ふきのとう』No.94　2005.9. p12
18）東京シューレ編 2005『東京シューレ20周年OB・OGアンケート報告　今ここに生きている』東京シューレ p.104
19）西川武宏『ココナッツ通信』No.50　2003.6. p.5
20）岡 1999 前掲書 p.33
21）河地敬子 1998「子どもと共に歩む親の会の私－学歴社会と高校中退」大阪セルフヘルプ支援センター編『セルフヘルプグループ』朝日新聞厚生文化事業団 p36
22）藤本峰代 2003「まだまだ揺れながら」全国不登校新聞社『親にできることって？—不登校新聞「わが家の場合」から—』全国不登校新聞 p.26
23）葭原章子 2003「不登校は学びの場」同上 p.100
24）アラン・ガートナー、フランク・リースマン著　久保紘章監訳 1985『セルフ・ヘルプ・グループの理論と実際—人間としての自立と連帯へのアプローチ』川島書店 p.117
25）中田 2009 前掲書 p.28
26）「登校拒否・不登校問題全国連絡会ニュース」No.54　2005.3. p.13
27）「明石不登校から考える会」通信　第72号　2005年10・11月号
28）奥地圭子 1983「学校とはなにか、子育てとはなにかを問われて」渡邊位編『登校拒否—学校に行かないで生きる』太郎次郎社 p.266
29）奥地圭子 1989『登校拒否は病気じゃない—私の体験的登校拒否論』教育史料出版会』pp.51〜52
30）奥地 1983 前掲書 pp.114〜115
31）酒井律子 2005「不登校の子どもをもつ保護者へのアプローチ」『臨床心理学』第５第１号　通巻25号　2005.1　金剛出版 p.58

32) 中田智恵海 2009　前掲書 p.34
33) 小野修 1992『登校拒否児から学ぶ―子ども・親・教師の成長のみちすじ―』黎明書房 p.198
小野修 2000『子どもとともに成長する不登校児の「親のグループ」』黎明書房 p.108
34) 小野 2000 前掲書 p.159、p.168
35) N.M.「初めて『全国のつどい』に参加して」『連絡ニュース』2005.9.8.登校拒否を克服する会 p7　以下、大文字で始めるのはイニシャルである。
36) C.O.「子どもが大切にされることは、大人も大切にされること」『連絡ニュース』2005.11.8 登校拒否を克服する会 p.7
37) 田中健一 2001「不登校でよかった―田中健一の場合」渡邊広史・石井志昂・田中健一著『心配しないで不登校―ぼくの見つけた生き方』講談社 p.186、pp.201～202、p.204
38) 田中 2001 前掲書 pp.229～230
39) 松本訓枝 2001「『不登校』児家族の変容とセルフヘルプ・グループの役割（第１報）―『親の会』参加後の子どもと親の変化の実態―」『生活指導研究』第18号 p.153
40) 小林正幸 2003『不登校児の理解と援助―問題解決と予防のコツ』金剛出版 pp.34～35
41) 「登校拒否の子を持つ和歌山県親の会2003年度活動報告」
42) 松本 2001 前掲書 pp.146～148
43) 松本 2001 前掲書 p.147
44) 河地敬子 1998「学歴社会と高校中退」大阪セルフヘルプ支援センター編『セルフヘルプグループ』朝日新聞厚生文化事業団 p.37
45) 秋元秀夫・渡邊佳代 2004「『おきらくパルプンテ』の試み」高垣忠一郎・春日井敏之『不登校支援ネットワーク』かもがわ出版 p.208
46) 松本訓枝 2004「母親たちの家族再構築の試み―『不登校』児の親の会を手がかりにして―」『家族社会学研究』第16巻第１号 2004.7.日本家族社会学会 pp.37～38
47) 広瀬まり 2001「『登校拒否・親の会』の社会運動的位相―全国ネットワ

ーク内の二つの『親の会』を中心に―」『情報文化研究』第13号2001.3. 名古屋大学情報文化学部・名古屋大学大学院 p.104

48) 小川幸裕 2004「地域における子どもの居場所づくりを目指して―当事者グループAにみる新たな取り組みの可能性」『日本社会福祉学会第52回全国大会報告要旨集』p.297

【事　例】

親の会に参加することでわが子の登校拒否を受容でき、それによって子どもも立ち上がるエネルギーを得た事例を一つあげておきたい。

「登校拒否を克服する会」の世話人であるAさん（母親）が、「登校拒否を克服する会」の地域交流会で2012年10月21日に語られた記録をもとに、12月23日電話で１時間、2013年３月１日面談で２時間、聞き取りをしたのをまとめたものである。

①幼稚園のころ

Aさんの長男B君は現在28歳になる。二人姉が生まれた後、10年ぶりに待たれて誕生した男の子だった。

私立の幼稚園へ年中で入園したが、幼稚園バスに乗りたがらず、祖父が車で送り迎えをした。祖父は男の孫を「10年待った」と言って可愛がり、夜は自分の布団の中で寝かせ、自営業であった近くの仕事場にも毎日手を引いて連れて行った。Aさんは朝、連れられていくわが子の「ママァ」と呼ぶ目を忘れられないと言う。

幼稚園の２年目は公立の幼稚園に変わり、姉たちが連れて行ってくれ、嫌がらずに登園した。

②小学校のころ

小学校２年時、１週間ほど、朝、「しんどい」と言って、続けて休んだ。10時くらいには元気になり、担任がシールを貼る仕事などをさせてくれたりして行けるようになった。

小学校４年時にも同じく１週間ほど続けて休んだが、この時は担任がモトクロスのバイクで迎えに来てくれ、翌日から「かっこ悪いから」と一人で行くようになった。

小学校６年時、朝嘔吐し、腹痛も頭痛もあっが、やはり10時ごろには元気になるというふうであった。小児科を受診したところ、「治った。よし、明日から行け」と背中をたたかれ、月曜日から行くようになって、この時ものりきった。

③中学校のころ

中学１年の７月、やはり１週間休み、病院で脳波検査をしたところ、「起立性調節障害」ということで、「不登校の可能性があるから、学校で何か問題がないか相談してください」と言われた。（この医師のことばがきっかけで、Aさんは初めて登校拒否の親の会につながることになるのであるが、それについては後述したい。）そこで担任に相談すると、いじめがないか、クラスでアンケートを取られた。本人は「自分のことでそんなことをされるのはいやだ」と感じたようである。

Aさんによると、この時は実は、B君は思っていたような成績が取れないのを気にしていたようである。小学校４年から６年まで塾に通い、６年生の時には全国模試で1,000番以内に入っていたので、自分でもできると思っていたらしい。中学ではクラブもしたいしということで塾はやめていたが、夏から進んで再び塾へ行き出し、特訓クラスへ入ったという。

ところが、９月25日、「B君がいじめられており、相手も認めていて親が謝りに行きたいと言っている」と学校から電話があった。廊下で会ったら突かれたり、足をかけられたりしたとのことである。相手は「僕よりB君の方が弱いからいじめた」と言った。このことで、学校では学年集会が開かれ、B君は翌日から登校しなくなった。

Aさんは初め必死で何とか登校させようとした。朝起きて来ないのを無理やり起こし、制服を着せた。B君は、階段の柱に必死にしがみついて抵抗した。壁にも穴があき、荒れた。そしてある時ふと、Aさんは、近くに農業用の大きなため池もたくさんあり、JRの踏み切りもあることに気が付いて、急に心配になり、ひどく登校刺激をすることをやめた。が、やはりまだ学校には行ってほしいと思っていた。

ところが、10月にAさんが盲腸で入院中、夫が市の先生方の勉強会に出席して、「どうも無理に行かせない方がよいらしい」と聞いてきた。そして、玄関を2、3歩出たところでしゃがみ込む息子の姿を見て、「もう行かなくていい」と思うようになった。11月3日、夫が息子に「行かなくていいから」と言って、家にいる生活が始まったのである。

担任はとてもよく対応してくれ、「毎日の欠席連絡の電話はいらない。何かの時に連絡をくれたらよいから」とか、家庭訪問に来ても「会いたくなければよいから」と言ってくれ、玄関先でプリントだけもらったりしていた。が、そうしているうちに、「近くへ来た」と言って、仕事場の方へふらっと寄ってくれるようになり、「体育に実技が足りないから」とバレーボールをしてくれたり、魚つりの話が合って、夫と3人で一緒に釣りに行ってくれたりしたため、そのうち学校行事にだけ登校するようになった。B君には友人が多く、夕方にはよく家へ寄ってくれたり、一緒に遊びに出たりもしていたので、学校には行かないけれど、学校の様子はよく分かっていたのである。また、小さい時からかわいがってくれていた3年生の子が「僕が学校にいる間に学校に来れるようにしてやりたい」と言って、仲間が迎えに来たりして、3年生を送る会などにも少し登校したこともある。しかしそれも一時的であった。

中学2年時はほとんど登校せずであった。

家にいるときは、ゲームやパソコンや漫画で過ごしていたようであるが、地域のつながりの深い土地柄で、「家にいるのだったら出ておいで」ということで、青年団に交じってだんじり祭りの笛の練習をさせてもらったりしている。親戚の大学生が勉強を見に来てくれていたこともあるが、「お兄ちゃんはいつまで来るの」と言ったりしたので、断った。

また、多い友人の中でも、C君が心の支えとなって引っ張ってくれ、立ち上がるきっかけを作ってくれたとAさんは言う。3回助けられたそうである。

1回目は、C君が「高校へ行きたかったら、学校へ行っとかな、内申点ないで」と言ってくれたこと。そこで、週３日午前中登校したりして張り切っていたが、結局続かなかった。

２回目は、10月中間テスト１週間前、毎日夕方C君宅へ出かけ、ノートを見せてもらって教えてもらっていた。そして「明日のテスト受けにいくわ」と言って、数学と理科を受けて来、60〜70点を取った。それで少し自信がついたのか、その後週２日ほど登校するようになった。

３回目は、中学３年時、週２日くらい午前中や学校行事などに登校、修学旅行も行った。しかし秋になってC君の名前が出なくなった。C君のお母さんにスーパーで出会ったとき、お母さんが「この頃あまり遊んでないでしょ。いつまでも一緒に居ることはできないし、高校も一緒に行けるわけではないから、ちょっと距離を置いて、遠くから見守ってあげた方がいいのではとCと話し合いました」とのことであった。

Aさんの言によれば、C君には親子で助けられ、今も祭りには共に子連れで一緒にだんじりを引いているということである。

④高校のころ

高校は大阪市内の学校へ入ったが、電車通学が大変で、冷や汗や吐き気で途中下車してトイレへ駆け込むなどが続き、10日通学しただけであった。休学届を出し「進級できないけれど、どうする」と聞いた時、B君は「１年末で決める」と言っていたが、結局２学期で中途退学した。

⑤高校中退以後

しかし、退学してから解き放たれたように明るくなり元気になった。

ハローワークへ行き、生協の配送センターでアルバイトを始めたが、５時までの約束が６時、７時と残業が続き、「話が違う」と自分で電話をして書類を取りに行って、辞めて来た。

次に、青年団の上の人の父親がしている会社で急に人がいるということで、３日だけの約束で行ったところ、次の人が見つからず、１ヶ月以上行ったあと、他の青年団の子に代わって、これも自分の意志で辞めて来た。

さらに、携帯電話の部品の製作所にも行ったが、細かい検品の仕事で目に負担がかかり、ここも自分で辞めた。Aさんは自分で判断して行動できる力がついてきていることを感じたそうである。

この間もこの後も、だんじり祭りが大好きで、青年団には可愛がってもらい、ずっと居場所になっていたようである。

それまでは毎月決まった小遣いを与えていたが、Aさんは「18歳になったら、食べることと寝ることだけはしてあげるから、お小遣いはアルバイトで稼いでね」と言っていた。その頃、スロットのバイトを始めた。親方がスロット台を研究していて、明日出そうな台を朝早くから取らせて、資金を渡してさせるのである。朝4時5時から並んで台を取って、儲けの2、3割をもらうという仕組みであったらしい。やがて、「小遣いはくれなくてもいい。やっていける」と言い、必要なものは自分でまかなうようになった。また、「車を買うのに貸してほしい」と言うので、100万円貸したところ、毎月分割して全額返してくれた。

「スロット生活というのはどうかなとも思ったが、相手も商売だし、こちらも別に悪いことをしているわけではないのだからと受け入れた」とAさんは言う。夜、11時ごろ帰ってきたら、「お茶でもいれようか」と言って、二人でお茶を飲みながら、雑談をした。外でのことはよく話してくれたから、周りの人の生活は手に取るように分かっていたし、「そんなふうには育てていないから、悪いことについていくことは絶対ないだろう」と思っていたそうである。

車が事故にあって使えなかった時は、朝4時からパチンコ屋へ送って行ったこともあるし、夜10時に迎えにも行った。友人たちもよくにぎやかにやって来て、来れば家でご飯も食べさせた。「何でもよく話してくれたのは、この親に何を言っても大丈夫と思っていたのかもしれないし、話をしてくれている間は大丈夫と私も思っていました」とAさんは言う。

ある時、夫が「なまこ」をもらって来たことがあった。料理の仕方がよく分からなかったが、B君が調理師学校へ行っている友人に電話をして、料理の仕方を聞いて作ってくれたとか。「親を楽しませてくれる子であった」と同時に、「将来、何か困難なことがあったとしても、人とつながりをつけてやっていける」力強さを感じることができたということだ。

スロット生活は6年続いたが、その間、19歳から、10歳年上で中高の頃ひきこもっていた親戚の子が造園の仕事に行っていて、仕事が忙しい時、1週間だけとかこの現場だけとかいって、連れて行ってくれていた。小さい時から親しく、だんじりも一緒に引いていたこともあり、「家にいるのならおいでよ」と誘ってくれたのである。が、自分もひきこもっていたので気持ちがよく分かっていて、その日にちを限った誘い方がよかったようである。「社会へ出る出だしとしてとてもよかった」とAさんは言う。その子は母子家庭で、弁当をコンビニで買ったりしていたので、連れて行ってくれることに感謝の気持ちをこめて、B君が結婚して家を離れるまで、5、6年間弁当を二つ作って持たせていた。この親戚の子にはその後もずっと世話になったそうである。

造園の仕事は、親方に叱られて不満をもらすこともあったが、Aさんは「かかわってくれているのだから」と話をひたすら聞いていたとか。寒い時もよく頑張って続いていたが、25歳の頃には仕事そのものがなくなってきたので、その親戚の子について行って、26歳で別の造園の会社に入り、今は社員にしてもらっている。

青年団の副団長の時、祭りの後花束をくれた彼女と結婚もし、一児の父親となった。妻は看護師で、夜勤もあり、子どもは保育所に預けながら、家事も分担して頑張っている。

「頼んだわけでもないのに、外の親が何人もいて助けてくれ、立ち上がることができた」とAさんは感謝の思いをこめて言う。

「高校は行かなくても何とかなる」とB君は言っているが、仕事上の資格を取るとき、「高卒以上」という条件に困ることもあるようだ。また、仕事のことで愚痴を言うこともあるが、Aさんが聞くだけ聞いて「しんどければ辞めたら」と言うと、また頑張っているということで、「自分のしんどさを聞いてもらうだけでいいのかもしれない」とAさんは言っている。

⑥Aさんと親の会

さて、Aさんが登校拒否の子どもをもつ親の会につながったのは、B君が中学１年生の７月、医師に「不登校の可能性がある」と言われた後、８月の広報誌に載った「登校拒否を克服する会―地域交流会―」の呼びかけを見て、世話人の電話番号に連絡をとったのがきっかけであった。参加してみると、親たちが30人以上も集まって、満員で、世話人も多く、助言者の先生二人を２グループに分かれて囲んで思いを交流しあった。

10月には、他の登校拒否の子どもがどのようにしているか、他の母親と話したいと思って、中学校へ尋ねたが、「誰が不登校かは、個人情報だからいえない」と断られた。しかし、保健室の先生が、前任校の親Dさんなら話せるかもしれないと紹介してくれた。Dさんは初めて会ったAさんに「小学校を卒業していたら、足し算も引き算もABCも分かっているから、コンビニのバイトもできるし、大丈夫よ」と言ってくれたのである。このことばがAさんの胸にすとんと落ちて、今までの胸のつかえがすっと下り、B君の登校拒否を受け入れるきっかけとなった。このDさんとは今も地域交流会で顔を合わせている。

その12月、翌年の２月と地域交流会に参加し、地域の世話人の一人となって会計を担当することになり、さらに大阪全体の交流会にも出てみないかと世話人から誘われた。

そして、B君が中学２年になった５月、Aさんは「登校拒否を克服する会」の大阪交流会に出席、大阪の世話人になることを依頼された。それからAさんの大阪の世話人としての活動が始まるのである。「親と子の教育相談室」の相談にも１回行ったが、次回をためらっていると、「世話人をしていたら、相談室へ行くこともないでしょう」と世話人代表の松本先生が言ってくれ、行くのをやめた。

世話人会は月1～2回あり、終わればあと飲み会で、帰りは最終電車となることもあったが、「楽しく、ためになったし、元気がもらえた」とAさんは言う。松本先生はその都度、話を聞いてくれ、「もうちょっとやで、もうちょっとの間我慢したりや」と言ってくれたし、先輩の親は「次にはこういうことを言うてくるかもよ」と一緒に考えてくれた。会報「連絡ニュース」に載せる各地域交流会の開催日程の集約も8年間担当したため、相談員の先生たちとのつながりもできた。相談員の先生の一人は親身になって話を聞いてくれ、「自分も定時制高校をやめてパチンコ生活をしていたことがあること」「スロット、止め止め言っても面白い時には無理やから、もうちょっとさせたり」などと言ってくれたりしたそうだ。

このスロット生活については、6年ほど経ったある時、Aさんがふと気付いて「最近スロット行ってないね」と言うと、「これ以上やっても意味がないことに気が付いた。もうやめるわ。仕事探すから」と言って、それまで時々声をかけてもらっていた造園のアルバイトを「毎日にしてほしい」と自分で申し出たらしい。「ひきこもりもスロットも自分の満足のいくまでして卒業かな？」とAさんは思ったそうだ。「これを待てたのは親の会と世話人の皆のおかげです」とAさんは言うのである。

毎年夏に開かれる「全国のつどい」にも何度も参加した。

Aさんは言う、「舅はA工業の四代目で、封建的なところもある人であったから、夜、嫁が遊びに出ることなどもちろん考えられなかったし、世話人にならなかったら、ストレスをためながら田舎の嫁をしていたと思う」と。舅は、「何で行けへんねん。行かしたらどうや。将来どうなるんや」などと言ったことはあるが、中学1年の登校拒否を始めた早い頃に、夫から「黙って見ておいてほしい」と話してもらった。それからは責めたりすることもなく、「仕事をちょっと手伝ってくれるか」などと、他の孫と同じように接してくれた。何より、地域の仕事の役をたくさん持っていたため、孫に係っている暇がなかったのが、かえってよかったかもしれない。

夫は、Aさんが親の会に出ることを勧めてくれたし、AさんはAさんで

「あの子は自分が登校拒否をしたら、母を外へ出させてやれると思ったのではないか」とまで言うくらいである。いずれにしても、Aさんは夫やB君の理解のもと、「家中で一番不良をさせてもらった」と言って感謝している。

B君が立派に家族を持ち自立した現在でも、Aさんは地域交流会の会計を長く担当し、通信発送の中心となり、春の市民祭りでは、地域交流会が出すおでんの店に、夫の協力のもと、準備から当日まで他の世話人と共に柱となって立ち働き、クリスマスの料理交流会では献立を考え食材を用意し、と忙しい。また大阪の交流会への参加も貴重な裏方として続いているのだ。

AさんはB君の登校拒否から比較的早く親の会につながった。地域交流会の他の親たちはAさんの話を聞いて、スロットへ朝4時からB君を送ったAさんを「子どもを信じ、自分を信じたからこそ、Aさんの今があるのでは」と感嘆する。そこまで徹底して信じ切れるだろうかと皆自省するようである。

登校拒否の子どもに、よく父親の定年を理由に早く働いてくれることを促す場合があるが、Bくんを追い詰めなくてすんだのは、家が自営業で夫は生涯現役と言っているし、年金もあったので、自分が生きているかぎり食べさせてやれるという経済的なこともあったとAさんは言う。

確かに登校拒否から社会的ひきこもりへとつながることを想定すると、経済的不安は親の気持ちに大きく影響するであろう。しかし、Aさんの場合、経済的に安定していたとはいえ、もし親の会につながらず、家にいて誰にも話すことなく、わが子の登校拒否を一人で抱えこんでいたとしたら、Aさん自身の気持ちが救われなかったのではないかと思われる。子どもの登校拒否だけでも先が見えない苦しみを味わうのに、ましてや、昔ながらの古い土地で、男の孫を跡継ぎにと期待する古風な家の嫁として、子どもが不登校になってしまった後ろめたさや肩身の狭さ、しかしその中で子どもを守っていかねばならないことなど、思い悩むことは山ほどあったはずである。Aさんはその点について多くを語らないが、想像するに余りあるものがある。

やはり、外へ出て親の会へつながったことがAさんにエネルギーを与えた。親の会で受容され、共感され、励まされ、多くの他の登校拒否の親たちの語りの中に、賢いAさんは多くを学んだに違いない。Aさんの、決して子どもに無理をさせない、「寄り添う」とか「受け入れる」というのはこのことかと思われるようなあり方、「わが子の登校拒否を受け入れ、わが子を信じ、自分を信じて任せて待つ」力もそこから生まれてきたと筆者は確信する。

地域交流会の他の親たちの指摘のとおり、Aさんのこの生きる姿勢とB君への対応が、B君に影響を与えないはずがない。B君は母親から信じられ自由に任せられることで、母親と屈託なく何でも安心して話せ、安全に守られている中で、のびのびと自分の生きる方向を自分で決めることができたはずである。現にB君の高校中退後の、多くの遍歴とともに現在までの成長がそれを物語っている。

まさしく、不登校対策につながるセルフヘルプグループ「親の会」の存在意義がここに見えると実感するものである。

監修・編者略歴

平塚　儒子（ひらつか・じゅこ）

1943年９月、大阪市生まれ。長崎純心大学大学院人間文化福祉学科博士前期課程、四天王寺国際仏教大学大学院人間福祉学博士後期課程修了。現在、帝塚山学院大学人間科学部教授。

執筆者紹介

平塚　儒子（ひらつか・じゅこ）　帝塚山学院大学人間科学部教授

谷川　賀苗（たにがわ・かなえ）　帝塚山学院大学人間科学部准教授

浅野とも子（あさの・ともこ）　NPO法人おおさか教育相談所教育相談員

実践的「親学《おやがく》」へ

2013年６月10日 第１版第１刷　定　価＝2,500円＋税

監修／編　平　塚　儒　子　©

発 行 人　相　良　景　行

発 行 所　㈲　時　潮　社

174-0063 東京都板橋区前野町４-62-15

電 話 (03) 5915 - 9046

FAX (03) 5970 - 4030

郵便振替　00190 - 7 - 741179　時潮社

URL http://www.jichosha.jp

E-mail kikaku@jichosha.jp

印刷・相良整版印刷　製本・武蔵製本

乱丁本・落丁本はお取り替えします。

ISBN978-4-7888-0686-3